# 365
## Atividades de
# PORTUGUÊS

Ciranda Cultural

Dados Internacionais de Catalogação na Publicação (CIP) de acordo com ISBD

B236t    Barbieri, Paloma Blanca Alves

365 atividades de português / Paloma Blanca Alves Barbieri ; ilustrado por Shutterstock. - Jandira, SP : Ciranda Cultural, 2021.
288 p. : il. ; 15,5cm x 23cm.

ISBN: 978-65-5500-687-2

1. Língua portuguesa. 2. Atividades. 3. Ensino fundamental. I. Shutterstock. II. Título.

2021-1330

CDD 469
CDU 81

Elaborado por Vagner Rodolfo da Silva - CRB-8/9410

**Índice para catálogo sistemático:**
1. Língua portuguesa 469
2. Língua portuguesa 81

© 2021 Ciranda Cultural Editora e Distribuidora Ltda.
Produção: Ciranda Cultural
Texto: Paloma Blanca Alves Barbieri
Revisão: Karine Ribeiro e Maitê Ribeiro
Ilustrações: Shutterstock.com
Capa: ayelet-keshet
Miolo: a2bb5s, AllNikArt, Anastasia Boiko, Antonov Maxim, Blue Planet Earth, Crisan Rosu, Daniela Barreto, EngravingFactory, GabrielJose, holycat, janista, Janos Levente, Juliana Brykova, KIKUCHI, lauralis, liskus, Lyudmyla Kharlamova, Mbukimbuki, mhatzapa, mijatmijatovic, NadineVeresk, Natalya Shatilova, nickfz, Ola view, Pack ER, Pedro Vilas Boas, polikhay, svaga, Vibrush, wenchiawang, Yayayoyo.
Diagramação: Imaginare Studio

1ª Edição em 2021
2ª Impressão em 2022
www.cirandacultural.com.br
Todos os direitos reservados.

## 1. QUAL É A PALAVRA?

Trace as linhas pontilhadas e descubra qual palavra irá se formar. Depois, escreva a resposta no local indicado.

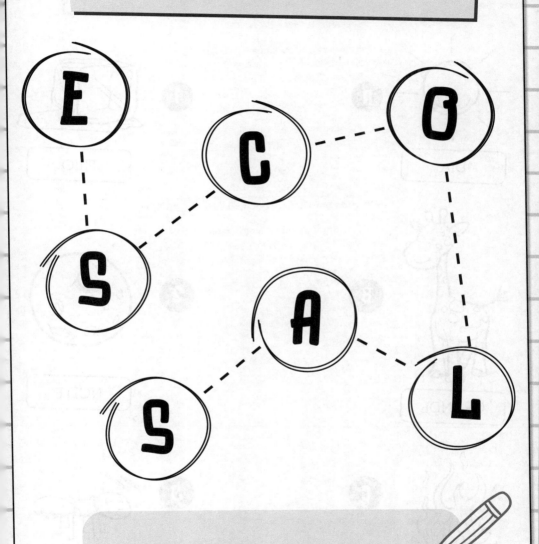

Resposta: escolas.

## 2. BRINCADEIRA DOS OPOSTOS

Observe as imagens com atenção e ligue cada palavra a seu antônimo.

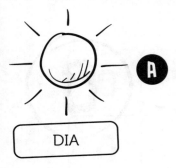

DIA  **A**

**1**  FRIO

GRANDE  **B**

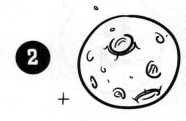

**2**  NOITE

QUENTE  **C**

**3**  PEQUENO

Resposta: A – 2, B – 3, C – 1.

4

## 3. COMPLETANDO A PALAVRA

Complete o quadro com as letras que formam a palavra "**AMIGO**". A primeira linha já foi preenchida para você!

| A | M | I | G | O |
|---|---|---|---|---|
|   | A |   | I |   | O |
|   |   | M |   | G |   |
|   |   |   | I |   |   |
| A |   |   |   | O |

## 4. QUAL É O ANIMAL?

Observe a letra em destaque e ligue-a aos animais que têm a mesma letra inicial.

Resposta: cobra, cavalo.

## 5. COMPLETANDO A CENTOPEIA

Complete a centopeia escrevendo as vogais que faltam.

Resposta: E, I, U.

6

## 6. ENRIQUECENDO O VOCABULÁRIO

Escreva 4 palavras que comecem com a letra **J**.

## 7. CAÇANDO PALAVRAS

Encontre o nome das figuras no caça-palavras.

| V | S | O | R | V | E | T | E | R | I | A |
|---|---|---|---|---|---|---|---|---|---|---|
| A | O | F | C | I | B | A | I | U | T | S |
| R | A | H | A | D | I | O | P | R | A | T |
| C | V | O | G | A | A | B | U | I | L | E |
| T | E | S | A | M | E | R | C | A | D | O |
| J | H | P | L | D | S | R | N | C | O | C |
| L | P | I | A | S | C | O | A | R | B | L |
| T | M | T | E | B | O | L | I | A | T | S |
| A | E | A | S | U | L | E | R | I | U | U |
| H | S | L | C | O | A | M | B | L | O | M |

Resposta: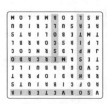

## 8. PALAVRA SECRETA

Siga as setas e organize as letras para descobrir qual é a palavra.

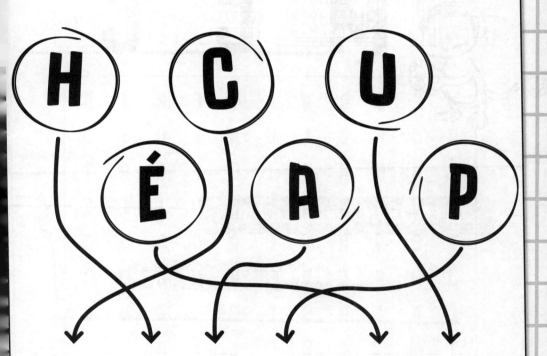

Resposta: chapéu.

## 9. VOGAIS FALTANTES

Complete o nome da imagem com as vogais que faltam.

# M__C__C__

Resposta: macaco.

## 10. CIRCULANDO AS PALAVRAS

Leia as palavras abaixo e circule as que começam com a letra **D**.

- ASSENTO
- DOMINÓ
- DENTE
- CASTELO

Resposta: dominó, dente.

## 11. PINTANDO AS LETRAS

Observe a imagem em destaque e pinte as letras que formam o nome dela.

Resposta: árvore.

## 12. APRENDENDO O AUMENTATIVO

Ligue cada palavra a seu grau aumentativo.

 **A**

CASA

**1**

BARCAÇA

 **B**

BARCO

**2**

CASARÃO

 **C**

LIVRO

**3**

LIVRÃO

Resposta: A – 2, B – 1, C – 3.

## 13. PONTUAÇÃO CORRETA

Leia as frases e coloque a pontuação adequada em cada uma delas.

. ? !

**A** Olá, professora ☐

**B** Os livros são novos ☐

**C** Qual é a capital do Brasil ☐

Resposta: A – !, B – ., C – ?.

## 14. QUAL É A PALAVRA?

Trace as linhas pontilhadas e descubra qual palavra irá se formar. Depois, escreva a resposta no local indicado.

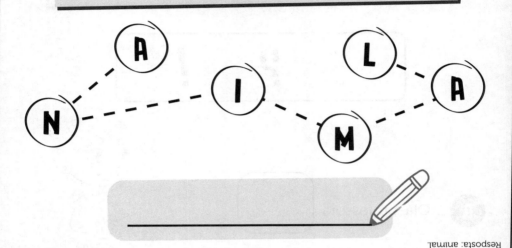

Resposta: animal.

## 15. ENCONTRE O INTRUSO

Observe as imagens e circule aquela que não faz parte do grupo.

Resposta: bola.

## 16. AS LETRAS DO ALFABETO

Cubra as linhas pontilhadas para escrever o alfabeto em letras maiúsculas.

A B C D E F
G H I J K L
M N O P Q R
S T U V W
X Y Z

## 17. ACENTUANDO AS PALAVRAS

Corrija as palavras colocando o acento agudo (´) corretamente.

FERIAS

SAIDA

TAMBEM

JACARE

OCULOS

RELOGIO

Resposta: férias, saída, também, jacaré, óculos, relógio.

## 18. FRASES INCOMPLETAS

Complete as frases com os adjetivos que aparecem no quadro.

**CHEIROSAS * COLORIDA * QUENTE * ENORME**

**A** Minha casa é _____.

**B** As flores são _____.

**C** O café está _____.

**D** A camiseta é toda _____.

Resposta: A – enorme, B – cheirosas, C – quente, D – colorida.

## 19. CÓDIGO SECRETO

Insira a letra inicial de cada figura no local indicado e descubra qual é a palavra secreta.

Resposta: sol.

## 20. QUANTAS SÍLABAS!

Conte quantas sílabas a palavra abaixo tem e pinte o número correspondente.

BORBOLETA

Resposta: 4 (BOR-BO-LE-TA).

## 21. SUBSTANTIVO X ADJETIVO

Faça como no exemplo abaixo:
transforme os substantivos em adjetivos.

**BONDADE: BONDOSO**

**PREGUIÇA:** _____

**ALEGRIA:** _____

**AMOR:** _____

**MEDO:** _____

**TRISTEZA:** _____

Resposta: preguiçoso, alegre, amoroso, medroso, triste.

19

## 22. OS SINÔNIMOS

Pinte com a mesma cor as palavras que são sinônimas, ou seja, que têm o mesmo significado.

- ALEGRE
- CALMO
- LONGE
- SUMIU
- ACHAR
- DISTANTE
- TRANQUILO
- DESAPARECEU
- FELIZ
- ENCONTRAR

Resposta: alegre-feliz, calmo-tranquilo, sumiu-desapareceu, longe-distante, achar-encontrar.

## 23. EU, TU, ELE...

Preencha as lacunas com os pronomes pessoais que aparecem no quadro.

**ELES/ELAS * TU * VÓS * ELE/ELA * NÓS**

| | |
|---|---|
| 1ª pessoa do singular | **EU** |
| 2ª pessoa do singular | |
| 3ª pessoa do singular | |
| 1ª pessoa do plural | |
| 2ª pessoa do plural | **VÓS** |
| 3ª pessoa do plural | |

Resposta: tu, ele/ela, nós, eles/elas.

## 24. PALAVRA SECRETA

Siga as setas e organize as letras para descobrir qual é a palavra.

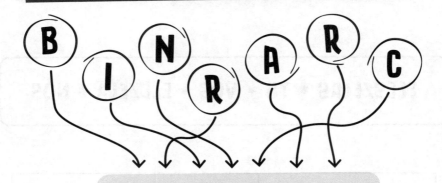

Resposta: brincar.

## 25. ENRIQUECENDO O VOCABULÁRIO

Escreva 4 palavras que comecem com a letra **A**.

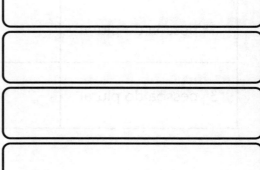

## 26. ORGANIZANDO AS SÍLABAS

Organize as sílabas e ligue cada palavra à sua respectiva imagem.

 A

1

 B

2

 C

3

Resposta: A - 1; B - 3; C - 2.

## 27. BRINCADEIRA DOS OPOSTOS

Observe as imagens com atenção e ligue cada palavra a seu antônimo.

**A**

**1**

GIGANTE

ATRÁS

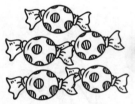

**B**

**2**

MUITO

ANÃO

**C**

**3**

NA FRENTE

POUCO

Resposta: A - 2, B - 3, C - 1.

## 28. COMPLETANDO A PALAVRA

Complete o quadro com as letras que formam a palavra "**CAIXA**". A primeira linha já foi preenchida para você!

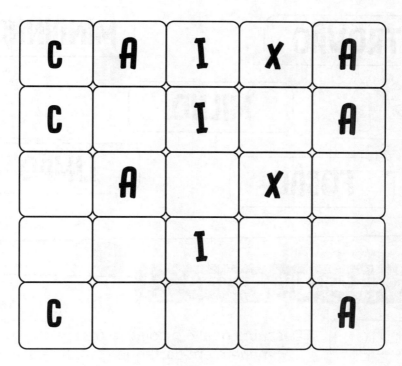

| C | A | I | X | A |
|---|---|---|---|---|
| C |   | I |   | A |
|   | A |   | X |   |
|   |   | I |   |   |
| C |   |   |   | A |

## 29. CIRCULANDO AS PALAVRAS

Leia as palavras abaixo e circule as que terminam em **ÃO**.

- TROVÃO
- MINDINHO
- MILHO
- FOGÃO
- LIMÃO

Resposta: trovão, fogão, limão.

## 30. COLETIVO CORRETO

Descubra qual é o coletivo da imagem em destaque.

- CARDUME
- MULTIDÃO
- ENXAME

Resposta: multidão.

26

## 31. COMPLETANDO A CENTOPEIA

Observe a centopeia e escreva as letras do alfabeto que faltam para completá-la.

Resposta: B, D.

27

## 32. CAÇANDO PALAVRAS

Encontre o nome das figuras no caça-palavras.

| B | O | T | E | L | F | R | U | I | T | F |
|---|---|---|---|---|---|---|---|---|---|---|
| N | F | L | A | C | G | U | R | H | I | O |
| H | M | J | A | B | E | L | H | A | O | R |
| A | O | A | G | F | U | J | O | C | V | M |
| C | S | G | Q | U | A | T | N | E | J | I |
| F | Q | S | H | J | L | S | A | O | C | G |
| S | U | O | S | I | U | E | F | P | L | A |
| E | I | L | A | V | B | D | I | H | B | E |
| U | T | I | M | I | N | H | O | C | A | L |
| L | O | N | F | I | J | U | N | S | Q | H |

Resposta: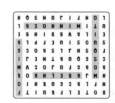

28

## 33. CRUZADA DOS ANIMAIS

Complete a cruzada com o nome dos animais que aparecem abaixo.

## 34. QUAL É A SÍLABA?

Descubra qual sílaba falta para completar a palavra.

GAN    TA    RAN

MO_____GO

Resposta: RAN.

## 35. PINTANDO AS LETRAS

Observe a imagem em destaque e pinte as letras que formam o nome dela.

Resposta: joaninha.

## 36. CADÊ AS VOGAIS?

Encontre e circule as vogais que aparecem na cantiga.

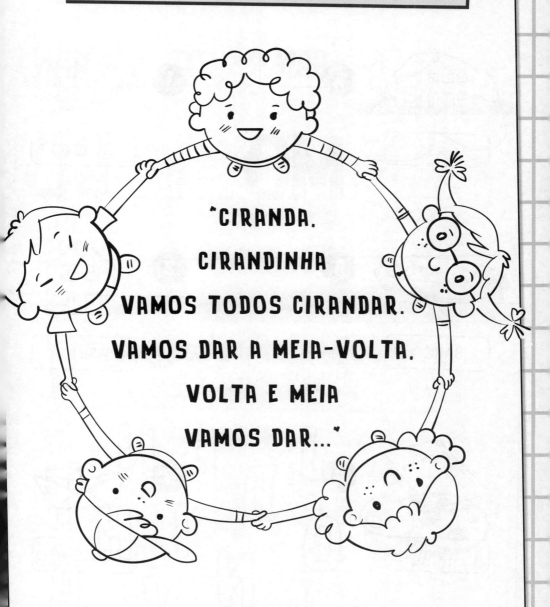

"CIRANDA, CIRANDINHA
VAMOS TODOS CIRANDAR.
VAMOS DAR A MEIA-VOLTA.
VOLTA E MEIA
VAMOS DAR..."

## 37. APRENDENDO O DIMINUTIVO

Ligue cada palavra a seu grau diminutivo.

 **A**

CASA

 **1**

LIVRETO

 **B**

BARCO

 **2**

CASINHA

 **C**

LIVRO

 **3**

BARQUINHO

Resposta: A - 2, B - 3, C - 1.

# 38. PONTUAÇÃO CORRETA

Leia as frases e coloque a pontuação adequada em cada uma delas.

| . | ? | ! |

**A** Parabéns pra você ▢

**B** Quer brincar de bola ▢

**C** A melancia é saborosa ▢

Resposta: A – !, B – ?, C – .

33

## 39. COLETIVO CORRETO

Descubra qual é o coletivo da imagem em destaque.

**BIBLIOTECA**

**RESMA**

**FROTA**

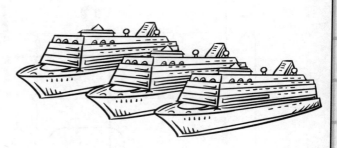

Resposta: frota.

## 40. FORMANDO PALAVRAS

Ligue as sílabas e descubra quais palavras se formam. Depois, escreva-as nos locais indicados.

**PA**
- RA = _____
- TO = _____
- NO = _____

**BO**
- LA = _____
- CA = _____
- TA = _____

Resposta: para, pato, pano; bola, boca, bota.

34

## 41. COMPLETANDO A PALAVRA

Complete o quadro com as letras que formam a palavra **"FILHO"**. A primeira linha já foi preenchida para você!

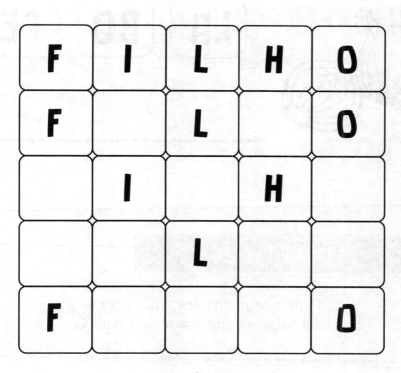

## 42. ORDEM CORRETA

Ordene as sílabas para escrever o nome da imagem.

LA  BO  CE

_____

Resposta: cebola.

## 43. G DE...

Pinte a letra em destaque e ligue-a às palavras que começam com **G**.

RATO    GOL    COELHO

GAROTO        ILHA

SAPATO        GRITO

GENTE

Resposta: garoto, gente, gol, grito.

36

## 44. OS MESES

Escreva as consoantes que faltam para completar o nome dos meses do ano.

**A** __ A __ EI __ O

**B** __ E __ E __ EI __ O

**C** __ A __ __ O

**D** A __ __ I __

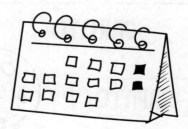

Resposta: janeiro, fevereiro, março, abril.

## 45. CÓDIGO SECRETO

Insira a letra inicial de cada figura no local indicado e descubra qual é a palavra secreta.

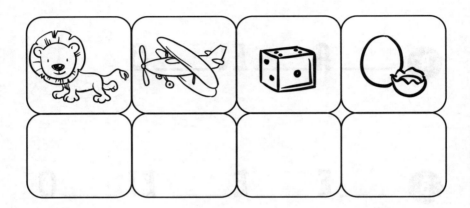

Resposta: lado.

## 46. QUAL É A SEQUÊNCIA?

Complete o quadro com a palavra que falta.

Resposta: bola.

38

## 47. BRINCADEIRA DOS OPOSTOS

Observe as imagens com atenção e ligue cada palavra a seu antônimo.

ALEGRE

DORMINDO

ACORDADO

FECHADO

ABERTO

TRISTE

Resposta: A – 3, B – 1, C – 2.

## 48. ORGANIZANDO AS SÍLABAS

Organize as sílabas e ligue cada palavra à sua respectiva imagem.

  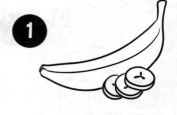

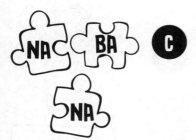  

Resposta: A - 2; B - 3; C - 1.

40

## 49. FRASES INCOMPLETAS

Complete as frases com os adjetivos que aparecem no quadro.

**PERFUMADO * DIFÍCIL * DIVERTIDO * ENSOLARADO**

**A** A prova estava _____ para quem não estudou.

**B** Andar de bicicleta é muito _____.

**C** O garoto está bastante _____.

**D** O dia está _____.

Resposta: 1 – difícil, 2 – divertido, 3 – perfumado, 4 – ensolarado.

## 50. QUAL É O ANIMAL?

Observe a letra em destaque e ligue-a aos animais que têm a mesma letra inicial.

Resposta: peixe, porco.

## 51. LABIRINTO SILÁBICO

Trace as sílabas para descobrir a saída do labirinto.

Resposta:

42

## 52. SEPARAÇÃO SILÁBICA

Separe as sílabas das palavras que aparecem abaixo. O que elas têm em comum? Isso mesmo, todas começam com a letra **B**!

**BUZINA**     **BALÃO**     **BOTA**

___  ___  ___

**BETERRABA**     **BORBOLETA**

___  ___  ___

Resposta: bu-zi-na, ba-lão, bo-ta, be-ter-ra-ba, bor-bo-le-ta.

43

## 53. QUAL É A LETRA?

Escreva a letra inicial das figuras que aparecem abaixo.

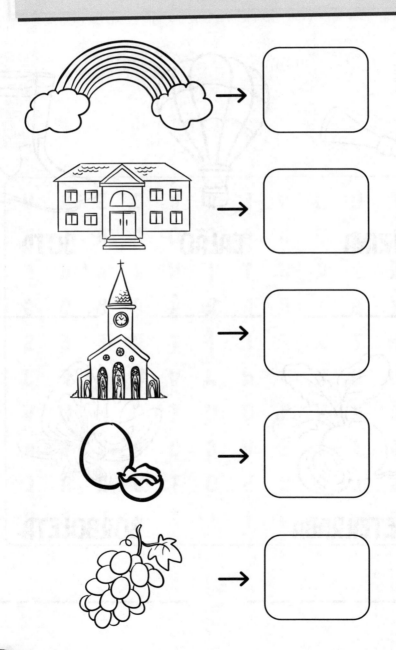

Resposta: A, E, I, O, U.

44

## 54. CAÇANDO PALAVRAS

Encontre o nome das figuras no caça-palavras.

```
G U J V E R Ã O S A V
L I P B A S O P R L A
R S R U T I V R A U F
I D I G A R Ã P B O G
N T M F L I T V F E S
V U A T N J V U O F J
E A V R O U T O N O V
R J E S V G O P R S A
N L R E B O T V R Ã E
O M A V I L F A E S B
```

Resposta: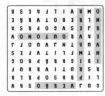

45

## 55. VOGAIS FALTANTES

Complete o nome da imagem com as vogais que faltam.

# M__NT__NH__

Resposta: montanha.

## 56. CIRCULANDO AS PALAVRAS

Leia as palavras abaixo e circule as que começam com a letra **J**.

- JACA
- GELO
- BARALHO
- JACARÉ

Resposta: jaca, jacaré.

46

# 57. CRUZADA DO CÉU

Complete a cruzada com o nome das figuras que aparecem abaixo.

47

## 58. PINTANDO AS LETRAS

Observe a imagem em destaque e pinte as letras que formam o nome dela.

Resposta: rinoceronte.

48

## 59. APRENDENDO O AUMENTATIVO

Ligue cada palavra a seu grau aumentativo.

GATO

 A

 1

CARRÃO

 B

CARRO

 2

GATÃO

CADEIRA

 C

 3

CADEIRONA

Resposta: A – 2, B – 1, C – 3.

## 60. QUAL É A PALAVRA?

Trace as linhas pontilhadas e descubra qual palavra irá se formar. Depois, escreva a resposta no local indicado.

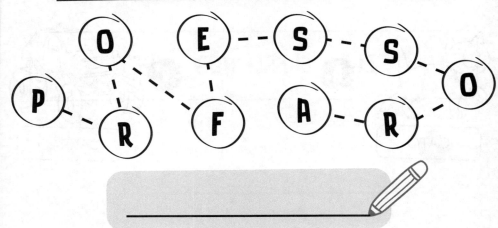

Resposta: professora.

## 61. ENCONTRE O INTRUSO

Observe as imagens e circule aquela que não faz parte do grupo.

Resposta: xícara.

## 62. EU, TU, ELE...

Reescreva as frases substituindo as palavras destacadas pelos pronomes pessoais que aparecem no quadro.

**ELA * ELES * NÓS * ELE**

**1** Carolina adora fazer amizades.
_____

**2** Jorge e seu pai passam a tarde jogando bola.
_____

**3** Mamãe e eu somos grandes amigas.
_____

**4** Paulo entende tudo de matemática.
_____

Resposta: 1 – ela, 2 – eles, 3 – nós, 4 – ele.

## 63. ACENTUANDO AS PALAVRAS

Corrija as palavras colocando o acento circunflexo (^) corretamente.

AMBULANCIA

PESSEGO

VOCE

TENIS

LAMPADA

PORTUGUES

Resposta: ambulância, pêssego, você, tênis, lâmpada, português.

## 64. NOMES PRÓPRIOS E COMUNS

Observe as imagens e ligue cada uma a seu termo correspondente.

 CARLA

 APITO

 LUCAS

 COLAR

 BRASIL

NOME PRÓPRIO

NOME COMUM

Resposta: próprio – Carla, Lucas, Brasil; comum – apito, colar.

53

## 65. CÓDIGO SECRETO

Insira a letra inicial de cada figura no local indicado e descubra qual é a palavra secreta.

Resposta: luar.

## 66. QUANTAS SÍLABAS!

Conte quantas sílabas a palavra abaixo tem e pinte o número correspondente.

TELEVISÃO

Resposta: 4 (TE-LE-VI-SÃO).

## 67. AS LETRAS DO ALFABETO

Cubra as linhas pontilhadas para escrever o alfabeto em letras minúsculas.

a b c d e f

g h i j k l

m n o p q r

s t u v w

x y z

## 68. C DE...

Pinte a letra em destaque e ligue-a às palavras que começam com **C**.

- CALOR
- COSTAS
- UNHA
- MEIA
- CORDA
- GELO
- COLHER
- ARMÁRIO

Resposta: calor, corda, colher, costas.

## 69. Jogo da Adivinhação

Observe a sombra, leia a dica e escreva a resposta.

**(?) Eu habitei a Terra há milhares de anos, com muitas outras espécies. Quem sou?**

_____

Resposta: dinossauro.

57

## 70. Palavra secreta

Siga as setas e organize as letras para descobrir qual é a palavra.

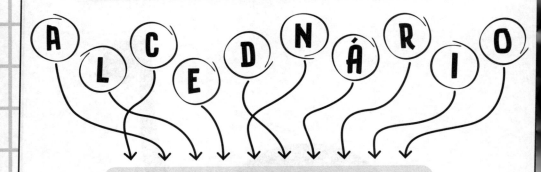

Resposta: calendário.

## 71. Enriquecendo o vocabulário

Escreva 4 palavras que comecem com a letra **C**.

## 72. COBRINDO AS VOGAIS

Cubra as vogais para praticar a escrita da letra cursiva.

59

## 73. Organizando as sílabas

Organize as sílabas e ligue cada palavra à sua respectiva imagem.

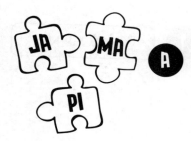

A

1

B

2

C

3

Resposta: A - 3; B - 1; C - 2.

# 24. SINAIS DE PONTUAÇÃO

Ligue cada sinal de pontuação a seu respectivo nome.

? **A**

. **B**

! **C**

... **D**

**1** PONTO-FINAL

**2** INTERROGAÇÃO

**3** RETICÊNCIAS

**4** EXCLAMAÇÃO

Resposta: A - 2, B - 1, C - 4, D - 3.

## 75. Circulando as palavras

Leia as palavras abaixo e circule as que terminam em **INHO**.

- CAMINHO
- PINTINHO
- CABRITO
- PADRINHO
- BALÃO

Resposta: caminho, padrinho, pintinho.

## 76. Coletivo correto

Descubra qual é o coletivo da imagem em destaque.

- CARDUME
- ALCATEIA
- ENXAME

Resposta: enxame.

## 77. APRENDENDO O DIMINUTIVO

Ligue cada palavra a seu grau diminutivo.

GATO  CARRINHO

CARRO  GATINHO

CADEIRA  CADEIRINHA

Resposta: gato – gatinho; carro – carrinho; cadeira – cadeirinha.

63

## 78. Completando a palavra

Complete o quadro com as letras que formam a palavra "**URUBU**". A primeira linha já foi preenchida para você!

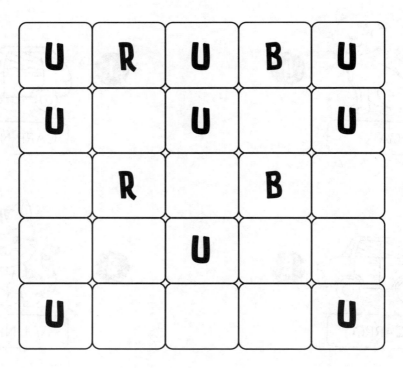

64

# 79. OS ANTÔNIMOS

Numere as palavras de acordo com seus antônimos.

| 1 | CLARO | ( ) | CHORAR |
| 2 | CORAJOSO | ( ) | ESCURO |
| 3 | PERDER | ( ) | MEDROSO |
| 4 | BARULHO | ( ) | ENCONTRAR |
| 5 | SORRIR | ( ) | SILÊNCIO |

Resposta: chorar – 5, escuro – 1, medroso – 2, encontrar – 3, silêncio – 4.

65

## 80. QUAL É A SÍLABA?

Descubra qual sílaba falta para completar a palavra.

TO    NO    DO

TUCA___

Resposta: NO.

## 81. CADÊ AS VOGAIS?

Encontre e circule as vogais que aparecem na cantiga.

"CAPELINHA DE MELÃO
É DE SÃO JOÃO
É DE CRAVO, É DE ROSA,
É DE MANJERICÃO..."

## 82. Caçando palavras

Encontre o nome das figuras no caça-palavras.

| R | R | I | G | A | Ç | A | B | E | C | P |
|---|---|---|---|---|---|---|---|---|---|---|
| A | B | R | A | Ç | O | M | P | T | N | E |
| Ç | E | C | N | E | R | B | C | L | A | R |
| O | G | A | T | P | A | S | A | I | B | N |
| P | N | M | S | G | F | K | B | M | E | A |
| C | A | B | E | Ç | A | N | Ç | C | P | I |
| E | R | N | B | R | Ç | O | A | T | R | D |
| N | F | R | R | E | R | N | X | E | O | L |
| R | E | A | B | A | R | R | I | G | A | N |
| A | H | S | G | H | A | N | R | R | I | T |

Resposta: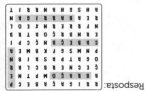

## 83. CRUZADA ESCOLAR

Complete a cruzada com o nome das figuras que aparecem abaixo.

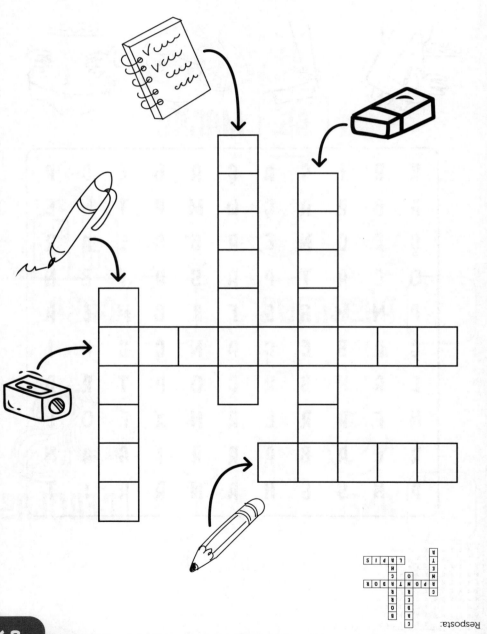

Resposta:

## 84. OS ARTIGOS DAS PALAVRAS

Escreva os artigos **O**, **A**, **OS** ou **AS** ao lado das imagens, de acordo com o exemplo.

**AS  MAÇÃS**

**PÁSSAROS**

**CASA**

**ANEL**

**CEBOLAS**

Resposta: os pássaros, as cebolas, o anel, a casa.

69

## 85. ORDEM CORRETA

Ordene as sílabas para escrever o nome da imagem.

| DEI | LA | GE | RA |

Resposta: geladeira.

## 86. M DE...

Pinte a letra em destaque e ligue-a às palavras que começam com M.

MASCOTE

BOI

MALA

SANDÁLIA

MATO

FILHOTE

MAÇÃ

BARCO

Resposta: mascote, mala, mato, maçã.

70

## 87. Pintando as letras

Observe a imagem em destaque e pinte as letras que formam o nome dela.

Resposta: avião.

71

## 88. COLETIVO CORRETO

Descubra qual é o coletivo da imagem em destaque.

RESMA

CARAVANA

MANADA

Resposta: caravana.

## 89. FORMANDO PALAVRAS

Ligue as sílabas e descubra quais palavras se formam. Depois, escreva-as nos locais indicados.

(CA)
- SA = _____
- NO = _____
- LO = _____

(FA)
- RO = _____
- CA = _____
- LA = _____

Resposta: casa, cano, calo; faro, faca, fala.

72

## 90. BRINCADEIRA DOS OPOSTOS

Observe as imagens com atenção e ligue cada palavra a seu antônimo.

A — LIMPO

1 — PESADO

B — CALMO

2 — ZANGADO

C — LEVE

3 — SUJO

Resposta: A – 3, B – 2, C – 1.

## 91. OS MESES

Escreva as consoantes que faltam para completar o nome dos meses do ano.

**A** ___ AIO

**B** ___ U ___ ___ O

**C** ___ U ___ ___ O

**D** A ___ O ___ ___ O

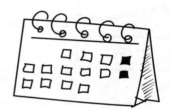

Resposta: maio, junho, julho, agosto.

## 92. QUAL É A SEQUÊNCIA?

Complete o quadro com a palavra que falta.

| MOCHILA | SAPATO | _____ | SAPATO |

Resposta: mochila.

## 93. Plural das palavras

Circule as palavras que estão no plural.

- CARRO
- PIANOS
- DADOS
- ESCOLA
- DOCES
- PROFESSORAS
- FRUTAS
- JOGO
- CRIANÇAS
- CADERNOS
- PORTA

Resposta: pianos, dados, doces, professoras, frutas, cadernos, crianças.

## 94. ITENS DE CASA

Escreva 3 itens que você encontra dentro de casa e que comecem com estas letras.

**S**
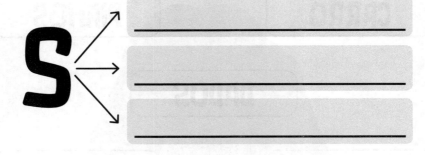

**P**
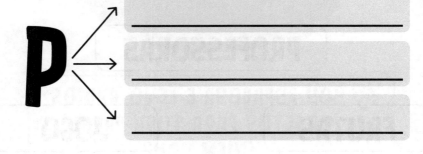

**T**
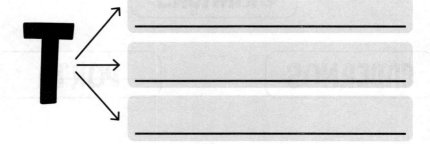

## 95. Jogo da Adivinhação

Observe a sombra, leia a dica e escreva a resposta.

**?** Sou espaçosa e levo vários objetos para toda parte. Quem sou?

_____

Resposta: mochila.

## 96. QUAL É O ANIMAL?

Observe a letra em destaque e ligue-a aos animais que têm a mesma letra inicial.

Resposta: morcego, macaco.

## 97. COMPLETANDO A CENTOPEIA

Observe a centopeia e escreva as letras do alfabeto que faltam para completá-la.

Resposta: H, J.

78

## 98. Cadê as vogais?

Encontre e circule as vogais que aparecem na cantiga.

"UM, DOIS, TRÊS INDIOZINHOS,
QUATRO, CINCO, SEIS INDIOZINHOS,
SETE, OITO, NOVE INDIOZINHOS,
DEZ NUM PEQUENO BOTE..."

## 99. Completando a palavra

Complete o quadro com as letras que formam a palavra "**LÁPIS**". A primeira linha já foi preenchida para você!

| L | Á | P | I | S |
|---|---|---|---|---|
| L |   | P |   | S |
|   | Á |   | I |   |
|   |   | P |   |   |
| L |   |   |   | S |

## 100. Feminino x Masculino

Ligue cada palavra a seu respectivo gênero.

- FLOR
- REMÉDIO
- PAÍS
- SAPATO
- ROUPA
- FILHA

- FEMININO
- MASCULINO

Resposta: feminino – flor, roupa, filha; masculino – remédio, país, sapato.

## 101. VOGAIS FALTANTES

Complete o nome da imagem com as vogais que faltam.

# F__ M__ L__

Resposta: família.

## 102. CIRCULANDO AS PALAVRAS

Leia as palavras abaixo e circule as que começam com a letra **V**.

- VITÓRIA
- NUVEM
- VACA
- LUVA

Resposta: vitória, vaca.

## 103. ORGANIZANDO AS SÍLABAS

Organize as sílabas e ligue cada palavra à sua respectiva imagem.

A

1

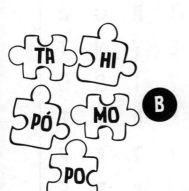
B

2

C

3

Resposta: A - 2, B - 3, C - 1.

83

## 104. Caçando palavras

Encontre o nome das figuras no caça-palavras.

| N | S | A | T | P | M | O | F | C | T | U |
|---|---|---|---|---|---|---|---|---|---|---|
| B | I | C | I | C | L | E | T | A | O | J |
| L | E | T | A | B | I | C | E | T | N | T |
| C | P | O | G | U | F | A | T | I | S | O |
| O | A | E | C | I | L | S | K | A | T | E |
| N | T | P | T | E | N | E | I | T | A | P |
| I | I | G | A | T | I | N | J | C | B | F |
| S | N | T | U | J | O | E | T | S | K | A |
| A | S | K | T | E | S | B | I | C | L | T |
| P | V | P | A | T | I | N | E | T | E | L |

Resposta:
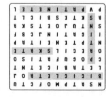

84

## 105. Caminho das sílabas

Cubra as sílabas para completar o caminho e levar o coelho até a sua toca.

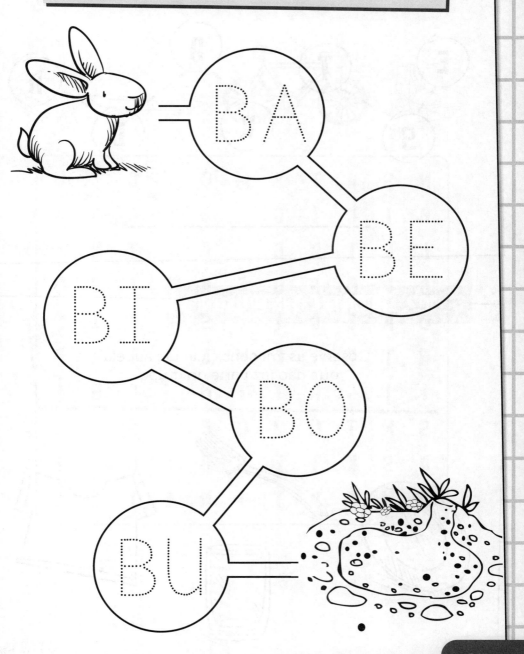

## 106. QUAL É A PALAVRA?

Trace as linhas pontilhadas e descubra qual palavra irá se formar. Depois, escreva a resposta no local indicado.

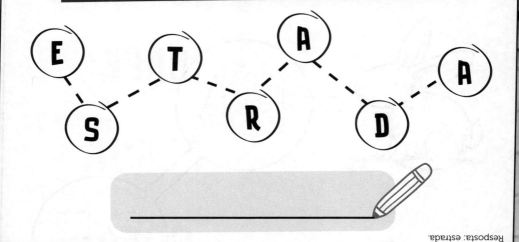

Resposta: estrada.

## 107. ENCONTRE O INTRUSO

Observe as imagens e circule aquela que não faz parte do grupo.

Resposta: camiseta.

## 108. Acentuando as palavras

Corrija as palavras colocando o acento agudo ( ´ ) corretamente.

CAFE

REGUA

SOFA

SILABA

LAPIS

AUTOMOVEL

Resposta: café, régua, sofá, sílaba, lápis, automóvel.

87

# 109. Cruzada dos meios de transportes

Complete a cruzada com o nome dos meios de transportes que aparecem abaixo.

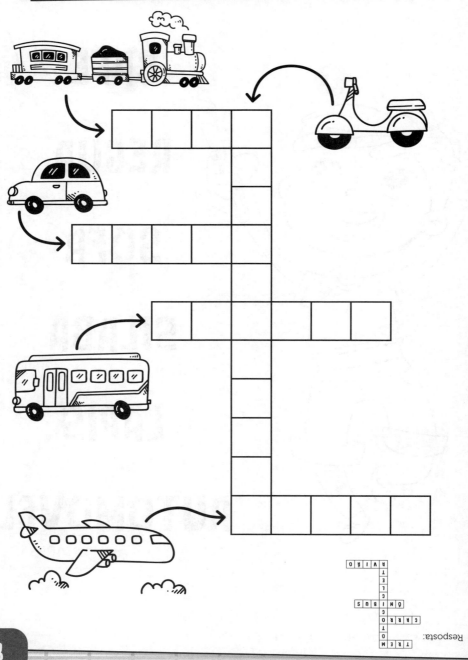

Resposta: TREM, CARRO, ÔNIBUS, BICICLETA, AVIÃO

# 110. APRENDENDO O AUMENTATIVO

Ligue cada palavra a seu grau aumentativo.

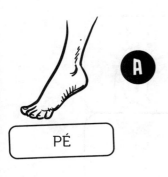
A — PÉ

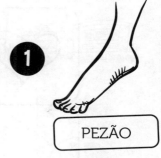
1 — PEZÃO

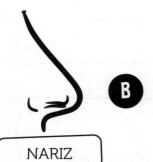
B — NARIZ

2 — CABEÇÃO

C — CABEÇA

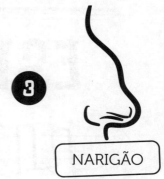
3 — NARIGÃO

Resposta: A – 1, B – 3, C – 2.

## 111. CÓDIGO SECRETO

Insira a letra inicial de cada figura no local indicado e descubra qual é a palavra secreta.

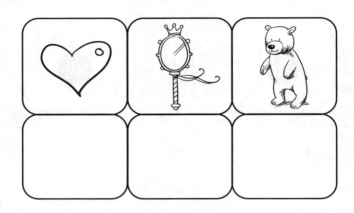

Resposta: céu.

## 112. QUANTAS SÍLABAS!

Conte quantas sílabas a palavra abaixo tem e pinte o número correspondente.

# ESPERANÇA

Resposta: 4 (ES-PE-RAN-ÇA).

## 113. ÁRVORE DE LETRAS

Pinte os dígrafos **QU** que aparecem na árvore.

## 114. BRINCADEIRA DOS OPOSTOS

Observe as imagens com atenção e ligue cada palavra a seu antônimo.

**A**

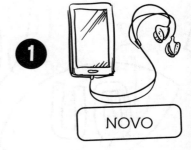
**1**

DENTRO

NOVO

**B**

**2**

VELHO

DEVAGAR

**C**

**3**

RÁPIDO

FORA

Resposta: A – 3, B – 1, C – 2.

## 115. PINTANDO AS LETRAS

Observe a imagem em destaque e pinte as letras que formam o nome dela.

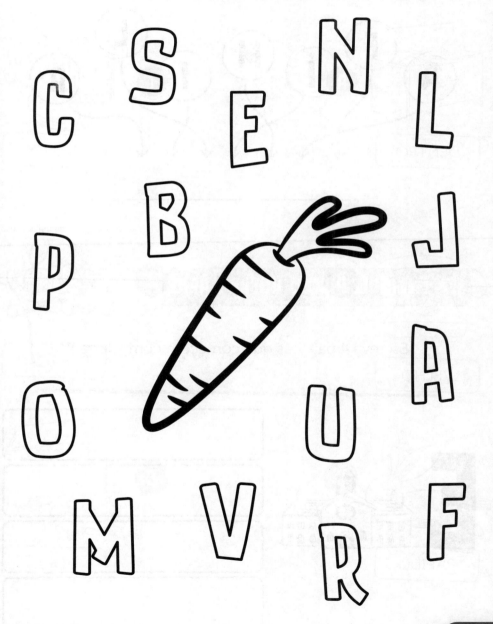

Resposta: cenoura.

93

## 116. Palavra secreta

Siga as setas e organize as letras para descobrir qual é a palavra.

Resposta: família.

## 117. Enriquecendo o vocabulário

Escreva 4 palavras que comecem com a letra **E**.

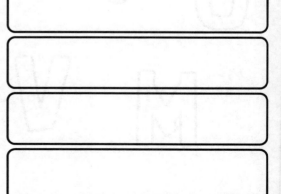

## 118. COBRINDO AS VOGAIS

Cubra as vogais para praticar a escrita da letra bastão.

## 119. Plural das palavras

Circule as palavras que estão no plural.

- NUVENS
- AMIZADE
- TIOS
- PLANETA
- MERENDAS
- RUA
- GATO
- SORVETERIA
- NOITES
- MALAS
- CAMPO
- BANCOS

Resposta: nuvens, tios, merendas, noites, malas, bancos.

## 120. ITENS DO SUPERMERCADO

Escreva 3 itens que você encontra no supermercado e que comecem com estas letras.

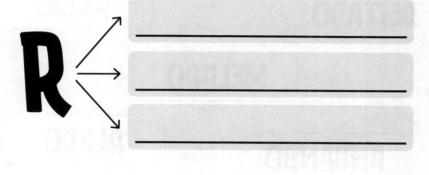

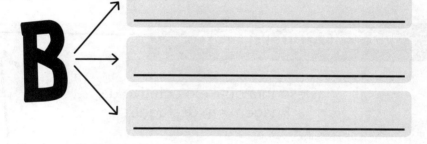

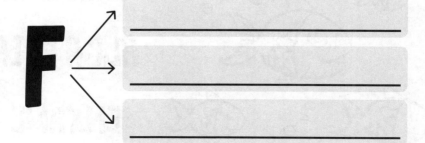

97

## 121. Circulando as palavras

Leia as palavras abaixo e circule as que terminam em **ADO**.

- DEITADO
- ÁRIDO
- MELADO
- ANDANDO
- ALADO

Resposta: deitado, melado, alado.

## 122. Coletivo correto

Descubra qual é o coletivo da imagem em destaque.

- CARDUME
- ALCATEIA
- ENXAME

Resposta: cardume.

## 12.3. Completando a palavra

Complete o quadro com as letras que formam a palavra "**LIVRO**". A primeira linha já foi preenchida para você!

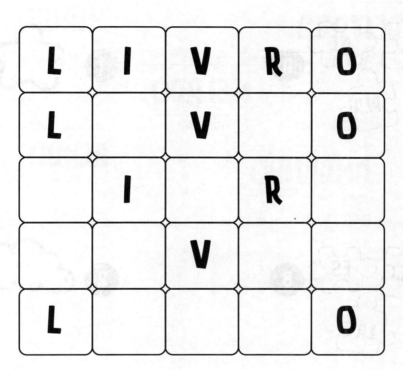

## 124. Organizando as sílabas

Organize as sílabas e ligue cada palavra à sua respectiva imagem.

 **A**

 **1**

 **B**

 **2**

 **C**

 **3**

Resposta: A - 3, B - 1, C - 2.

## 125. RR E SS

Circule os dígrafos **RR** e **SS** que aparecem nas palavras.

ASSOBIAR

GARRAFA

CARROSSEL

PÁSSARO

## 126. Jogo da Adivinhação

Observe a sombra, leia a dica e escreva a resposta.

**Sou redondo, pequeno e vivo pendurado nos dedos. Quem sou?**

_____

Resposta: anel.

## 127. Formando palavras

Ligue as sílabas e descubra quais palavras se formam. Depois, escreva-as nos locais indicados.

TO = _____   TO = _____

GA   RI = _____   MA   CA = _____

LO = _____   ÇÃ = _____

Resposta: gato, gari, galo; mato, maca, maçã.

102

## 128. Caçando palavras

Encontre o nome das figuras no caça-palavras.

| V | E | K | L | A | P | I | X | T | O | L |
| L | A | H | N | I | G | E | D | A | H | I |
| P | I | R | U | P | A | T | O | A | U | N |
| R | N | T | G | U | L | H | P | B | O | X |
| C | O | M | F | L | I | K | V | E | H | A |
| B | V | N | T | A | N | X | G | A | L | J |
| E | E | T | R | O | H | F | O | N | F | V |
| R | L | A | S | V | A | U | T | E | D | A |
| N | H | J | E | B | O | P | O | R | C | O |
| O | A | U | R | C | G | A | L | E | H | N |

Resposta:

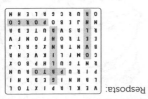

103

## 129. Qual é a sílaba?

Descubra qual sílaba falta para completar a palavra.

SE    SSE    CE

O____ANO

Resposta: CE.

## 130. Cadê as vogais?

Encontre e circule as vogais que aparecem na cantiga.

"O SAPO NÃO LAVA O PÉ.
NÃO LAVA PORQUE NÃO QUER.
ELE MORA LÁ NA LAGOA.
E NÃO LAVA O PÉ
PORQUE NÃO QUER
MAS QUE CHULÉ!"

## 131. CH OU X

Complete as palavras com **CH** ou **X**.

____UTEIRA    RIA____O

BE____IGA    ABACA____I

Resposta: chuteira, riacho, bexiga, abacaxi.

## 132. ORDEM CORRETA

Ordene as sílabas para escrever o nome da imagem.

PON   JA   ES

_____

Resposta: esponja.

## 133. O DE...

Pinte a letra em destaque e ligue-a às palavras que começam com **O**.

OVO   ORELHA   CRIANÇA

HOMEM   O   ONDA

BARATA   JIBOIA   ONTEM

Resposta: ovo, orelha, onda, ontem.

106

## 134. OS ARTIGOS DAS PALAVRAS

Escreva os artigos **O**, **A**, **OS** ou **AS** ao lado das imagens, de acordo com o exemplo.

**AS MAÇÃS**

☐ **GARRAFA**

☐ **SOFÁ**

☐ **ESTRELAS**

☐ **CHAPÉUS**

Resposta: a garrafa, o sofá, as estrelas, os chapéus.

## 135. CRUZADA DAS CORES

Complete a cruzada com o nome das cores que aparecem abaixo.

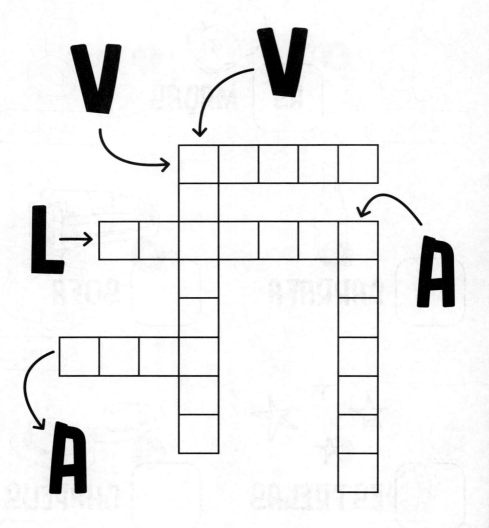
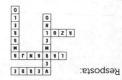

108

## 136. BRINCADEIRA DOS OPOSTOS

Observe as imagens com atenção e ligue cada palavra a seu antônimo.

GORDO — MACIO

ALTO — MAGRO

ÁSPERO — BAIXO

Resposta: A – 2, B – 3, C – 1.

## 137. OS MESES

Escreva as consoantes que faltam para completar o nome dos meses do ano.

**A** __ E __ E __ __ __ O

**B** OU __ U __ __ O

**C** __ O __ E __ __ __ O

**D** __ E __ E __ __ __ O

Resposta: setembro, outubro, novembro, dezembro.

## 138. QUAL É A SEQUÊNCIA?

Complete o quadro com a palavra que falta.

| CHUVA | SOL | CHUVA | _____ |

Resposta: sol.

110

## 139. Aprendendo o diminutivo

Ligue cada palavra a seu grau diminutivo.

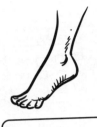 **A**　　　**1**

PÉ　　　PEZINHO

 **B**　　　**2**

NARIZ　　　CABECINHA

 **C**　　　**3**

CABEÇA　　　NARIZINHO

Resposta: pé – pezinho, nariz – narizinho, cabeça – cabecinha.

## 140. Feminino X Masculino

Ligue cada palavra a seu respectivo gênero.

- CABRA
- APONTADOR
- FAZENDA
- APITO
- ARMÁRIO
- ESCOVA

- FEMININO
- MASCULINO

Resposta: feminino – cabra, fazenda, escova; masculino – apontador, apito, armário.

## 141. Pintando as letras

Observe a imagem em destaque e pinte as letras que formam o nome dela.

Resposta: casa.

## 142. QUAL É O ANIMAL?

Observe a letra em destaque e ligue-a aos animais que têm a mesma letra inicial.

Resposta: elefante, esquilo.

## 143. Completando a centopeia

Observe a centopeia e escreva as letras do alfabeto que faltam para completá-la.

Resposta: L, N.

## 144. Plural das palavras

Circule as palavras que estão no plural.

- HELICÓPTEROS
- REFEIÇÃO
- HOSPITAIS
- AMIGO
- MELANCIAS
- SAIA
- ESTANTE
- BOLA
- PEPINOS
- CADEIRA
- JOVENS

Resposta: helicópteros, hospitais, melancias, pepinos, jovens.

115

## 145. QUANTOS NOMES!

Escreva 3 nomes para cada letra que aparece abaixo.

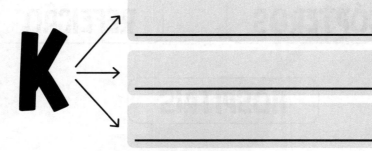

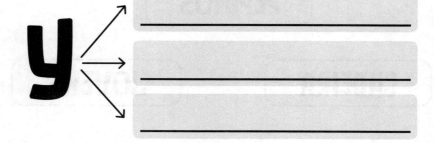

## 146. JOGO DA ADIVINHAÇÃO

Observe a sombra, leia a dica e escreva a resposta.

**? EU FAÇO UM SOM MELODIOSO QUANDO SOU TOCADO COM UM ARCO. QUEM SOU?**

_____

Resposta: violino.

117

## 147. Vogais faltantes

Complete o nome da imagem com a vogal que falta.

# TR___M

Resposta: trem.

## 148. Circulando as palavras

Leia as palavras abaixo e circule as que começam com a letra **M**.

- MESA
- CAIXA
- MADEIRA
- CRIANÇA

Resposta: mesa, madeira.

## 149. Z DE...

Pinte a letra em destaque e ligue-a às palavras que começam com **Z**.

- VELA
- ZÍPER
- ZEBRA
- ZUM-ZUM
- FITA
- MACACO
- COMIDA
- ZUMBIDO

Resposta: zebra, zíper, zum-zum, zumbido.

119

## 150. Formando palavras

Ligue as sílabas e descubra quais palavras se formam. Depois, escreva-as nos locais indicados.

**VO**

VÔ = _____

CÊ = _____

TAR = _____

**CHA**

VE = _____

MA = _____

TO = _____

Resposta: vovô, você, votar, chave, chama, chato.

## 151. Organizando as sílabas

Organize as sílabas e ligue cada palavra à sua respectiva imagem.

 A  1

 B 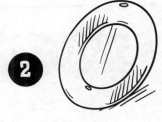 2

 C  3

Resposta: A - 3, B - 1, C - 2.

121

## 152. QUAL É A PALAVRA?

Trace as linhas pontilhadas e descubra qual palavra irá se formar. Depois, escreva a resposta no local indicado.

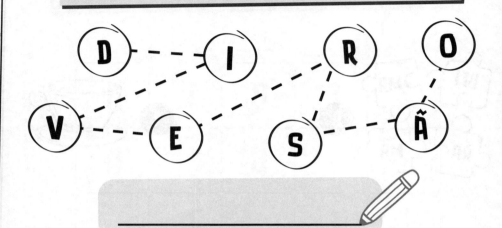

Resposta: diversão.

## 153. ENCONTRE O INTRUSO

Observe as imagens e circule aquela que não faz parte do grupo.

Resposta: despertador.

122

## 154. Completando a palavra

Complete o quadro com as letras que formam a palavra "**ZEBRA**". A primeira linha já foi preenchida para você!

| Z | E | B | R | A |
|---|---|---|---|---|
| Z |   | B |   | A |
|   | E |   | R |   |
|   |   | B |   |   |
| Z |   |   |   | A |

## 155. Acentuando as palavras

Corrija as palavras colocando o acento agudo (´) corretamente.

SERIE

AGUA

BONE

ARVORE

MAQUINA

HORRIVEL

Resposta: série, água, boné, árvore, máquina, horrível.

### 156. Caçando palavras

Encontre o nome das figuras no caça-palavras.

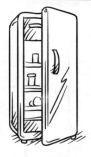   

| L | G | E | L | A | F | C | E | I | R | M |
|---|---|---|---|---|---|---|---|---|---|---|
| A | S | Ã | G | B | T | A | R | H | V | I |
| D | M | R | C | I | E | F | H | A | O | C |
| E | G | E | L | A | D | E | I | R | A | R |
| I | M | O | N | D | S | T | M | E | P | O |
| R | C | A | F | I | T | E | O | Ã | F | O |
| T | Ã | O | S | I | U | I | F | P | L | N |
| F | O | G | Ã | O | B | R | I | H | B | D |
| M | U | T | P | F | E | A | U | F | M | A |
| O | N | G | U | A | C | T | E | I | R | S |

Resposta:

125

## 157. CÓDIGO SECRETO

Insira a letra inicial de cada figura no local indicado e descubra qual é a palavra secreta.

Resposta: oca.

## 158. QUANTAS SÍLABAS!

Conte quantas sílabas a palavra abaixo tem e pinte o número correspondente.

**COMIDA**

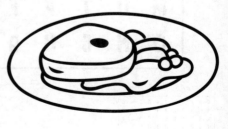

Resposta: 3 (CO-MI-DA).

126

## 159. Caminho das sílabas

Cubra as sílabas para completar o caminho e levar a menina até a casa dela.

## 160. ÁRVORE DE LETRAS

Pinte os dígrafos **CH** que aparecem na árvore.

## 161. BRINCADEIRA DOS OPOSTOS

Observe as imagens com atenção e ligue cada palavra a seu antônimo.

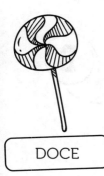  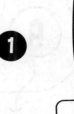 

DOCE — VAZIO

   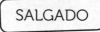

INVERNO — SALGADO

CHEIO — VERÃO

Resposta: A – 2, B – 3, C – 1.

## 162. Palavra secreta

Siga as setas e organize as letras para descobrir qual é a palavra.

Resposta: amizade.

## 163. Enriquecendo o vocabulário

Escreva 4 palavras que comecem com a letra **I**.

## 164. Cruzada dos brinquedos

Complete a cruzada com o nome dos brinquedos que aparecem abaixo.

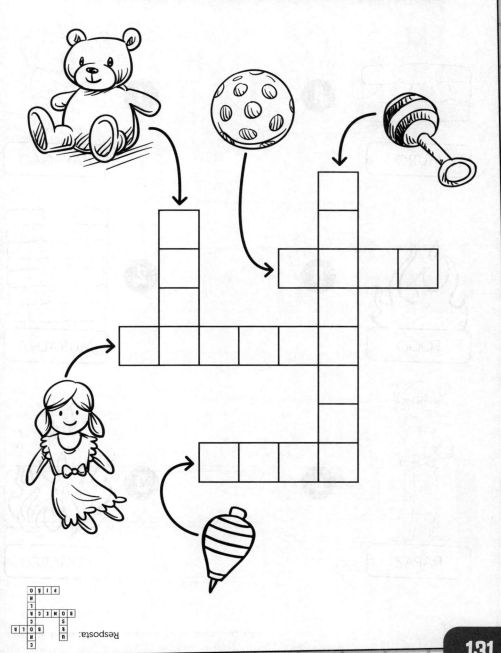

Resposta: URSO, BOLA, PIÃO, BONECA, CHOCALHO

## 165. APRENDENDO O AUMENTATIVO

Ligue cada palavra a seu grau aumentativo.

MURO

A

1

RAPAGÃO

FOGO

B

2

MURALHA

RAPAZ

C

3

FOGARÉU

Resposta: muro – muralha, fogo – fogaréu, rapaz – rapagão.

132

## 166. PINTANDO AS LETRAS

Observe a imagem em destaque e pinte as letras que formam o nome dela.

Resposta: vassoura.

133

## 167. CIRCULANDO AS PALAVRAS

Leia as palavras abaixo e circule as que terminam em **IDO**.

- PÁLIDO
- ABRAÇO
- METIDO
- BRINCANDO
- ÚMIDO

Resposta: pálido, metido, úmido.

## 168. COLETIVO CORRETO

Descubra qual é o coletivo da imagem em destaque.

CARDUME

ALCATEIA

ENXAME

Resposta: alcateia.

## 169. Plural das palavras

Circule as palavras que estão no plural.

- TALHERES
- GELO
- FOGÃO
- SORVETES
- ÁGUA
- SABÃO
- LETRAS
- DOCES
- PIPA
- GUITARRA
- CASAS
- PAIS

Resposta: talheres, sorvetes, doces, letras, casas, pais.

## 170. RR E SS

Circule os dígrafos **RR** e **SS** que aparecem nas palavras.

DINOSSAURO

BORRACHA

CARRINHO

ASSADO

## 171. Itens da escola

Escreva 3 itens que você encontra na escola e que comecem com estas letras.

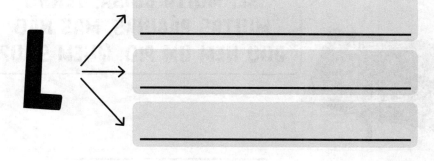

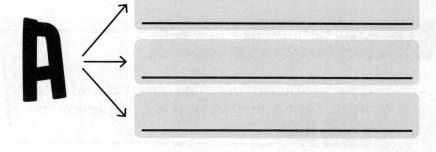

## 172. Jogo da adivinhação

Observe a sombra, leia a dica e escreva a resposta.

**Sei muita coisa, tenho muitas páginas, mas não dou nem um pio. Quem sou?**

_____

Resposta: livro.

## 173. Formando palavras

Ligue as sílabas e descubra quais palavras se formam. Depois, escreva-as nos locais indicados.

**CE**
- RA = _____
- IA = _____
- GO = _____

**SI**
- NO = _____
- RI = _____
- SO = _____

Resposta: cera, ceia, cego; sino, siri, siso.

## 174. S OU SS

Complete as palavras com **S** ou **SS**.

CA___A

PÊ___EGO

VA___OURA

A___A

Resposta: casa, pêssego, vassoura, asa.

## 175. Qual é a sílaba?

Descubra qual sílaba falta para completar a palavra.

| RU | RO | RRU |

# TARTA____GA

Resposta: RU.

## 176. Cadê as vogais?

Encontre e pinte as vogais que aparecem na cantiga.

"MEU LIMÃO, MEU LIMOEIRO.
MEU PÉ DE JACARANDÁ.
UMA VEZ, TINDOLELÊ.
OUTRA VEZ, TINDOLALÁ."

## 177. Organizando as sílabas

Organize as sílabas e ligue cada palavra à sua respectiva imagem.

A

1

B

2

C

3

Resposta: A - 3, B - 2, C - 1.

## 178. ORDEM CORRETA

Ordene as sílabas para escrever o nome da imagem.

| ME | O | DRO | RI | DÁ |

_____

Resposta: dromedário.

## 179. R DE...

Pinte a letra em destaque e ligue-a às palavras que começam com **R**.

- RODA
- GALO
- RATO
- CHINELO
- GENTE
- RIR
- RINOCERONTE
- COBRA

Resposta: roda, rato, rir, rinoceronte.

## 180. OS ARTIGOS DAS PALAVRAS

Escreva os artigos **O**, **A**, **OS** ou **AS** ao lado das imagens, de acordo com o exemplo.

**AS** MAÇÃS

ROUPAS

ESCADA

RATOS

PNEU

Resposta: as roupas, a escada, os ratos, o pneu.

## 181. Completando a palavra

Complete o quadro com as letras que formam a palavra "**CARRO**". A primeira linha já foi preenchida para você!

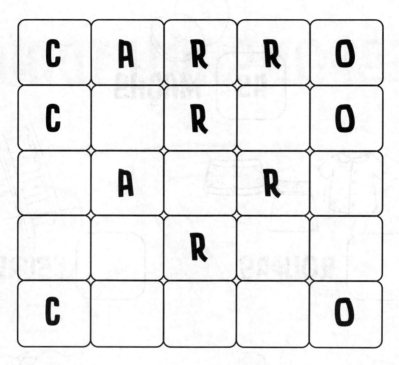

### 182. Quantas sílabas!

Conte quantas sílabas a palavra abaixo tem e pinte o número correspondente.

# RESPONSABILIDADE

Resposta: 7 (RES-PON-SA-BI-LI-DA-DE).

## 183. INFINITIVO E GERÚNDIO

Ligue os verbos que estão no infinitivo à sua forma no gerúndio.

CORRER — A          1 — CANTANDO
CANTAR — B          2 — CORRENDO
DANÇAR — C          3 — SORRINDO
SORRIR — D          4 — DANÇANDO

Resposta: A – 2, B – 1, C – 4, D – 3.

## 184. QUAL É A SEQUÊNCIA?

Complete o quadro com a palavra que falta.

PIPA | BICICLETA | PIPA | _____

Resposta: bicicleta.

## 185. Caçando palavras

Encontre o nome das figuras no caça-palavras.

| X | R | U | G | O | T | B | A | C | L | M |
|---|---|---|---|---|---|---|---|---|---|---|
| I | M | A | M | Ã | O | E | T | X | I | O |
| C | B | I | N | M | I | C | E | I | M | R |
| A | N | A | G | U | F | A | T | B | Ã | N |
| B | R | B | Ã | G | O | S | K | A | O | G |
| A | O | A | T | N | Ã | R | O | M | A | O |
| M | G | C | A | T | I | N | J | C | B | F |
| Ã | N | A | U | M | O | R | A | N | G | O |
| O | C | X | T | E | S | B | I | C | L | T |
| L | N | I | A | M | A | N | I | B | U | X |

Resposta:

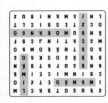

147

## 186. Feminino x Masculino

Ligue cada palavra a seu respectivo gênero.

- BERINJELA
- GARFO
- BONECA
- DADO
- UNHA
- BONÉ

- FEMININO
- MASCULINO

Resposta: feminino – berinjela, boneca, unha; masculino – garfo, dado, boné.

## 187. Caminho das sílabas

Cubra as sílabas para completar o caminho e levar a professora até a escola.

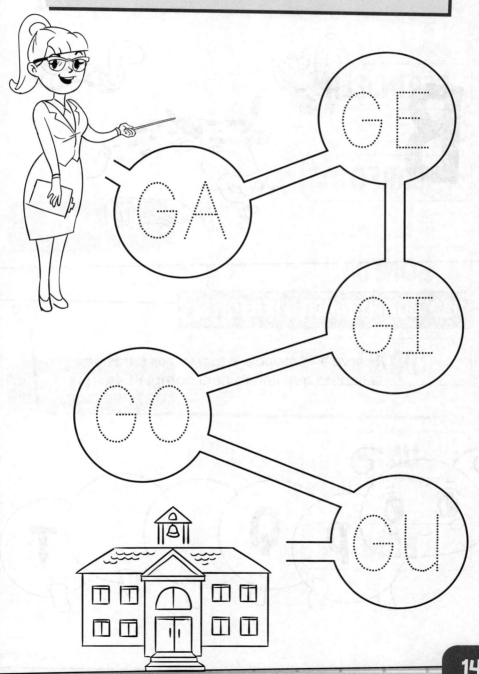

## 188. QUAL É O ANIMAL?

Observe a letra em destaque e ligue-a aos animais que têm a mesma letra inicial.

Resposta: borboleta, boi.

## 189. COMPLETANDO A CENTOPEIA

Observe a centopeia e escreva as letras do alfabeto que faltam para completá-la.

Resposta: R. S.

150

## 190. Brincadeira dos opostos

Observe as imagens com atenção e ligue cada palavra a seu antônimo.

A

1

SECO

GROSSO

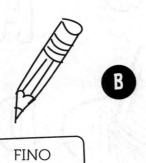

B

2

FINO

SENTADO

C

3

EM PÉ

MOLHADO

Resposta: A – 3, B – 1, C – 2.

151

## 191. Pintando as letras

Observe a imagem em destaque e pinte as letras que formam o nome dela.

Resposta: chapéu.

## 192. Cruzada dos Números

Complete a cruzada com o nome dos números que aparecem abaixo.

Resposta:
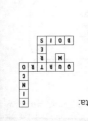

## 193. VOGAIS FALTANTES

Complete o nome da imagem com as vogais que faltam.

# P_ SS _ R _

Resposta: pássaro.

## 194. CIRCULANDO AS PALAVRAS

Leia as palavras abaixo e circule as que começam com a letra **P**.

- PULAR
- PÉ
- ARGOLA
- PONTE

Resposta: pular, pé, ponte.

## 195. Aprendendo o diminutivo

Ligue cada palavra a seu grau diminutivo.

 A

 1

MURO

RAPAZINHO

 B

2

FOGO

MURETA

 C

3

RAPAZ

FOGUINHO

Resposta: muro – mureta, fogo – foguinho, rapaz – rapazinho.

155

## 196. ÁRVORE DE LETRAS

Pinte os dígrafos **LH** que aparecem na árvore.

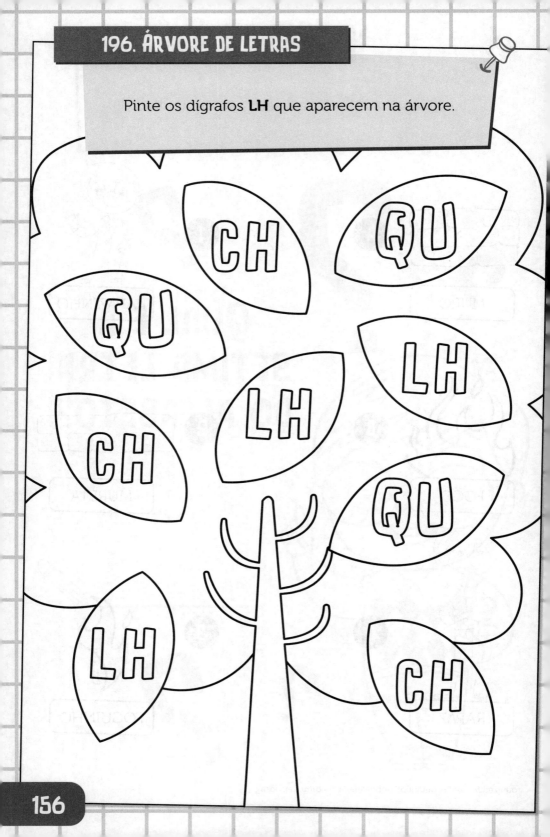

156

## 197. Pergunta do alfabeto

Leia a pergunta com atenção para respondê-la.

QUAL É A SÉTIMA LETRA DO ALFABETO?

Resposta: a letra G.

## 198. QUAL É A PALAVRA?

Trace as linhas pontilhadas e descubra qual palavra irá se formar. Depois, escreva a resposta no local indicado.

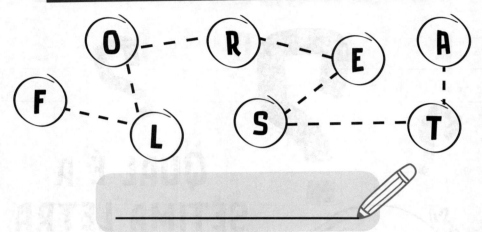

Resposta: floresta.

## 199. ENCONTRE O INTRUSO

Observe as imagens e circule aquela que não faz parte do grupo.

Resposta: gato.

## 200. Brincando com o alfabeto

Escreva uma palavra para cada letra do alfabeto.
A primeira letra já foi preenchida para você!

**A** AMORA  **B**  **C**  **D**  **E**

**F**  **G**  **H**  **I**

**J**  **K**  **L**  **M**  **N**

**O**  **P**  **Q**  **R**

**S**  **T**  **U**  **V**  **W**

**X**  **Y**  **Z**

159

## 201. Destravando a Língua

Leia o trava-língua e, em seguida, circule as palavras que começam com a letra **S**.

**O SABIÁ NÃO SABIA QUE O SÁBIO SABIA QUE O SABIÁ NÃO SABIA ASSOBIAR.**

Resposta: sabiá, sabia, sábio, sabia, sabiá, sabia.

## 202. ORGANIZANDO AS SÍLABAS

Organize as sílabas e ligue cada palavra à sua respectiva imagem.

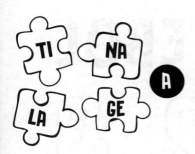 

 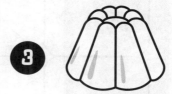

Resposta: A - 3, B - 1, C - 2.

## 203. QUANTAS SÍLABAS!

Conte quantas sílabas a palavra abaixo tem e pinte o número correspondente.

Resposta: 3 (FU-TE-BOL).

## 204. CÓDIGO SECRETO

Insira a letra inicial de cada figura no local indicado e descubra qual é a palavra secreta.

Resposta: sino.

## 205. Plural das palavras

Circule as palavras que estão no plural.

- CHINELO
- TRENS
- GAROTAS
- PÉTALAS
- FARMÁCIA
- ESTUDANTES
- DOCUMENTO
- TERRA
- BRINQUEDOS
- MESA
- FAMÍLIAS

Resposta: trens, garotas, pétalas, estudantes, brinquedos, famílias.

## 206. Completando a palavra

Complete o quadro com as letras que formam a palavra "**CHUVA**". A primeira linha já foi preenchida para você!

## 207. MUITOS OBJETOS!

Escreva o nome de 3 objetos que comecem com estas letras.

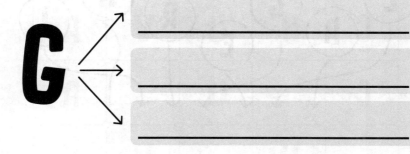

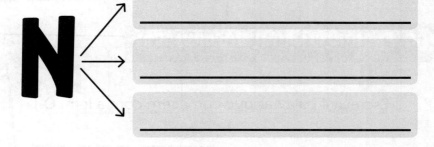

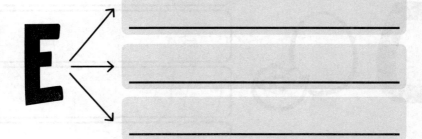

165

## 208. PALAVRA SECRETA

Siga as setas e organize as letras para descobrir qual é a palavra.

Resposta: alegria.

## 209. ENRIQUECENDO O VOCABULÁRIO

Escreva 4 palavras que comecem com a letra **O**.

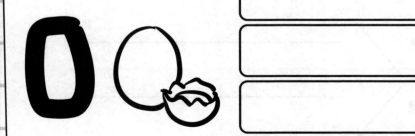

## 210. CAÇANDO PALAVRAS

Encontre o nome das figuras no caça-palavras.

| C | A | F | I | E | C | U | S | O | É | S |
|---|---|---|---|---|---|---|---|---|---|---|
| U | I | P | B | A | S | O | P | V | F | U |
| S | Á | G | U | A | I | S | U | C | U | C |
| O | D | C | A | F | O | Á | G | E | T | O |
| G | S | G | U | A | S | F | A | E | I | M |
| V | O | A | L | N | J | V | U | O | R | P |
| Á | C | V | E | O | U | C | A | F | É | V |
| U | É | E | I | V | G | O | P | R | S | A |
| L | F | R | T | B | O | T | A | C | É | F |
| E | T | A | E | C | U | S | O | Á | G | U |

Resposta: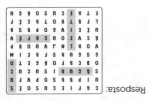

167

## 211. RR E SS

Circule os dígrafos **RR** e **SS** que aparecem nas palavras.

**GIRASSOL**

**JARRA**

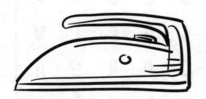

**FERRO**

**OSSO**

## 212. Caminho das sílabas

Cubra as sílabas para completar o caminho e levar o cachorro até o osso.

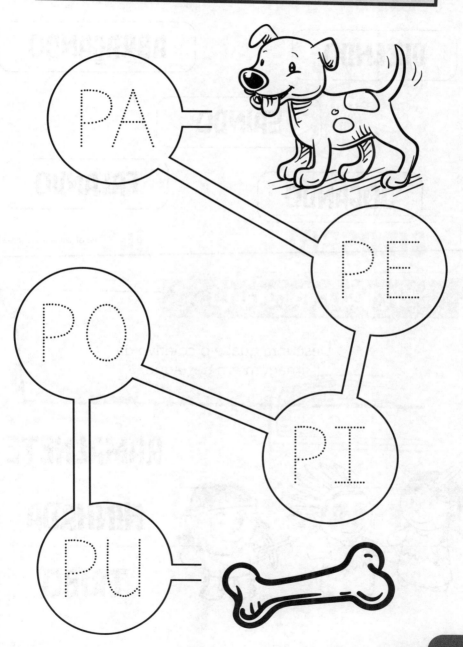

## 213. CIRCULANDO AS PALAVRAS

Leia as palavras abaixo e circule as que terminam em **ANDO**.

- DIZENDO
- ABRAÇANDO
- SAINDO
- JOGANDO
- FALANDO

Resposta: abraçando, jogando, falando.

## 214. COLETIVO CORRETO

Descubra qual é o coletivo da imagem em destaque.

- RAMALHETE
- NINHADA
- TRIBO

Resposta: tribo.

## 215. OS ARTIGOS DAS PALAVRAS

Escreva os artigos **O**, **A**, **OS** ou **AS** ao lado das imagens de acordo com o exemplo.

AS MAÇÃS

BORBOLETA

CIRCO

FLORES

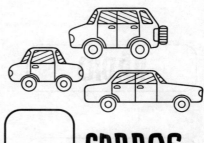

CARROS

Resposta: a borboleta, o circo, as flores, os carros.

## 216. Feminino X Masculino

Ligue cada palavra a seu respectivo gênero.

- PROFESSOR
- LOJA
- COELHO
- COZINHA
- RÁDIO
- TIARA

- FEMININO
- MASCULINO

Resposta: feminino – loja, cozinha, tiara; masculino – professor, coelho, rádio.

## 217. Pintando as letras

Observe a imagem em destaque e pinte as letras que formam o nome dela.

Resposta: galinha.

## 218. Jogo da adivinhação

Observe a sombra, leia a dica e escreva a resposta.

**SOU MEIO ROSADO E ADORO ME REFRESCAR NA LAMA. QUEM SOU?**

_____

Resposta: porco.

## 219. Formando palavras

Ligue as sílabas e descubra quais palavras se formam. Depois, escreva-as nos locais indicados.

PA = _____  PO = _____

(PI) NO = _____  (SA) CO = _____

CO = _____  LA = _____

Resposta: pipa, pino, pico; sapo, saco, sala.

## 220. Brincadeira dos opostos

Observe as imagens com atenção e ligue cada palavra a seu antônimo.

ENSOLARADO

PRESO

SOLTO

NUBLADO

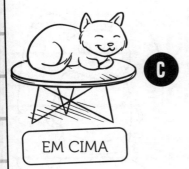

EM CIMA

EMBAIXO

Resposta: A – 2, B – 1, C – 3.

## 221. QUAL É A SÍLABA?

Descubra qual sílaba falta para completar a palavra.

| CHE | CLE | QUE |

# MOTOCI___TA

Resposta: CLE.

## 222. CADÊ AS VOGAIS?

Encontre e circule as vogais que aparecem na cantiga.

"A BARATA DIZ QUE TEM
SETE SAIAS DE FILÓ.
É MENTIRA DA BARATA.
ELA TEM É UMA SÓ.
RÁ. RÁ. RÁ. RÓ. RÓ. RÓ.
ELA TEM É UMA SÓ!"

## 223. Acentuando as palavras

Corrija as palavras colocando o acento circunflexo (^) corretamente.

MES

GEMEO

TRICO

ANCORA

VOVO

TRIANGULO

Resposta: mês, âncora, tricô, gêmeo, vovô, triângulo.

177

## 224. ORDEM CORRETA

Ordene as sílabas para escrever o nome da imagem.

ÇO  PA  LHA

_____

Resposta: palhaço.

## 225. T DE...

Pinte a letra em destaque e ligue-a às palavras que começam com **T**.

TOCA   VACA   TATU

TIO      CARRO

CORAL   ÁRVORE   TAMPA

Resposta: toca, tatu, tio, tampa.

178

## 226. Aprendendo o aumentativo

Ligue cada palavra a seu grau aumentativo.

 A

PEIXE

 1

CANETÃO

 B

CANETA

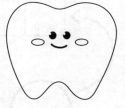 2

PEIXÃO

 C

DENTE

3

DENTÃO

Resposta: peixe – peixão, caneta – canetão, dente – dentão.

## 227. CRUZADA DAS FORMAS

Complete a cruzada com o nome das formas que aparecem abaixo.

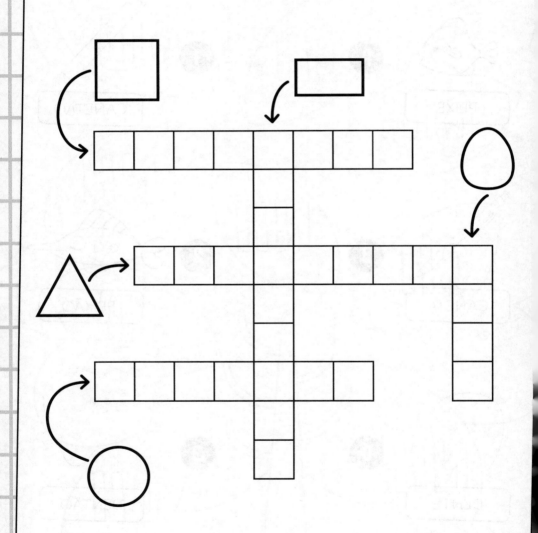

Resposta: Quadrado, Triângulo, Retângulo, Círculo, Oval

## 229. INFINITIVO E GERÚNDIO

Ligue os verbos que estão no infinitivo à sua forma no gerúndio.

| GRITAR | A | | 1 | DORMINDO |
| DORMIR | B | | 2 | GRITANDO |
| CORRER | C | | 3 | SONHANDO |
| SONHAR | D | | 4 | CORRENDO |

Resposta: A – 2, B – 1, C – 4, D – 3.

## 230. QUAL É A SEQUÊNCIA?

Complete o quadro com a palavra que falta.

_____ SOFÁ ALMOFADA SOFÁ

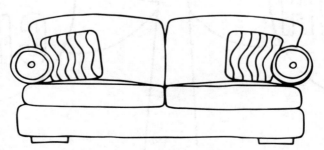

Resposta: almofada.

## 2.31. ORGANIZANDO AS SÍLABAS

Organize as sílabas e ligue cada palavra à sua respectiva imagem.

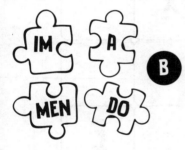 

Resposta: A - 2, B - 3, C - 1.

## 2.32. Completando a palavra

Complete o quadro com as letras que formam a palavra "**PEIXE**". A primeira linha já foi preenchida para você!

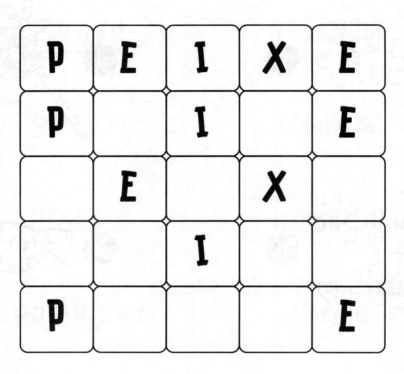

## 2.33. PLURAL DAS PALAVRAS

Circule as palavras que estão no plural.

- BICICLETA
- AVIÕES
- MENINOS
- FOLHAS
- HOSPITAL
- ALUNOS
- PROVA
- VERDURAS
- BRINCADEIRA
- QUADROS
- JANELA
- AVÓS

Resposta: aviões, meninos, folhas, alunos, verduras, quadros, avós.

## 234. QUAL É O ANIMAL?

Observe a letra em destaque e ligue-a aos animais que têm a mesma letra inicial.

Resposta: abelha, anta.

## 235. COMPLETANDO A CENTOPEIA

Observe a centopeia e escreva as letras do alfabeto que faltam para completá-la.

Resposta: V, X, Z.

186

## 236. Quantos animais!

Escreva o nome de 3 animais que comecem com estas letras.

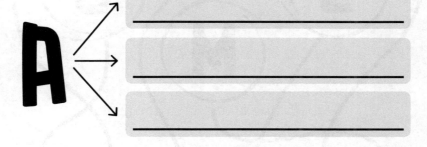

## 237. Palavra secreta

Siga as setas e organize as letras para descobrir qual é a palavra.

Resposta: missão.

188

## 238. CH E NH

Circule os dígrafos **CH** e **NH** que aparecem nas palavras.

**NINHO**

**CHINELO**

**ARANHA**

**CHÁ**

## 239. VOGAIS FALTANTES

Complete o nome da imagem com as vogais que faltam.

V

_____ _____ _____

Resposta: avião.

## 240. CIRCULANDO AS PALAVRAS

Leia as palavras abaixo e circule as que começam com a letra **S**.

SENTIMENTO

SINO

CINTO

SELO

Resposta: sentimento, sino, selo.

## 241. Feminino x Masculino

Ligue cada palavra a seu respectivo gênero.

- AEROPORTO
- PORTA
- MERCADO
- ESTRADA
- BANCO
- PASTA

- FEMININO
- MASCULINO

Resposta: feminino – porta, estrada, pasta; masculino – aeroporto, mercado, banco.

191

## 242. Caminho das sílabas

Cubra as sílabas para completar o caminho e levar o gato até o novelo de lã.

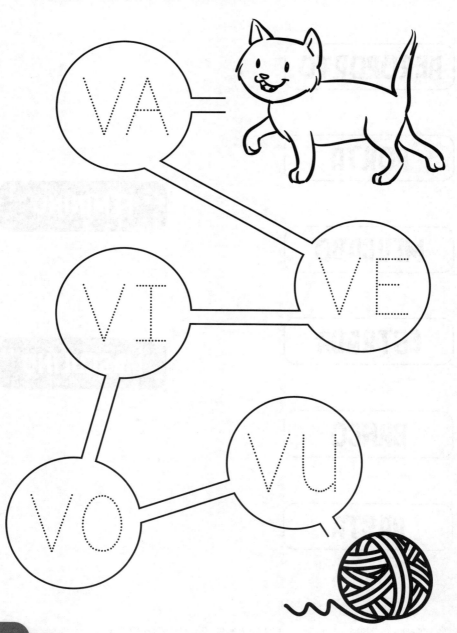

## 243. Pintando as Letras

Observe a imagem em destaque e pinte as letras que formam o nome dela.

Resposta: livros.

## 244. Infinitivo e Gerúndio

Ligue os verbos que estão no infinitivo à sua forma no gerúndio.

| COZINHAR | A | | 1 | ASSISTINDO |
| ASSISTIR | B | | 2 | COZINHANDO |
| LER | C | | 3 | GANHANDO |
| GANHAR | D | | 4 | LENDO |

Resposta: A – 2, B – 1, C – 4, D – 3.

## 245. Qual é a sequência?

Complete o quadro com a palavra que falta.

_____ | FORMIGA | ABELHA | FORMIGA

Resposta: abelha.

## 246. Brincadeira dos opostos

Observe as imagens com atenção e ligue cada palavra a seu antônimo.

ESCURO

APAGADO

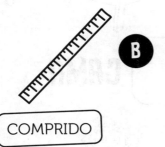

COMPRIDO

CLARO

ACESO

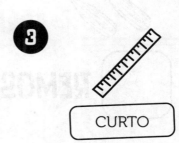

CURTO

Resposta: A – 2, B – 3, C – 1.

## 247. Os artigos das palavras

Escreva os artigos **O**, **A**, **OS** ou **AS** ao lado das imagens de acordo com o exemplo.

**AS MAÇÃS**

 **BOLSAS**  **CAMA**

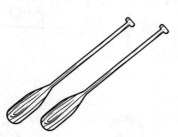

 **REMOS**  **PALHAÇO**

Resposta: as bolsas, a cama, os remos, o palhaço.

196

## 248. LABIRINTO SILÁBICO

Trace as sílabas para descobrir a saída do labirinto.

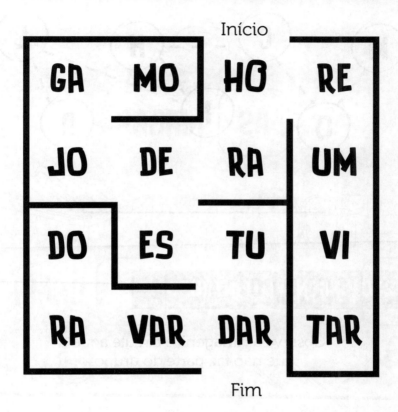

Agora, leia as sílabas e descubra o que está escrito. Em seguida, escreva a resposta aqui:

Resposta: hora de estudar.

## 249. QUAL É A PALAVRA?

Trace as linhas pontilhadas e descubra qual palavra irá se formar. Depois, escreva a resposta no local indicado.

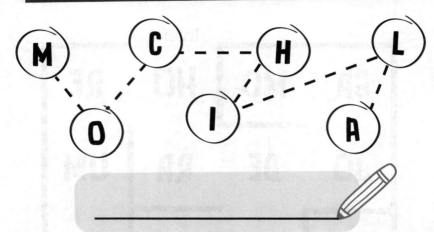

Resposta: mochila.

## 250. ENCONTRE O INTRUSO

Observe as imagens e circule aquela que não faz parte do grupo.

Resposta: carrinho.

## 251. Cadê as vogais?

Encontre e circule as vogais que aparecem na cantiga.

"SAPO-CURURU
NA BEIRA DO RIO.
QUANDO O SAPO CANTA,
Ó, MANINHA,
É PORQUE TEM FRIO..."

## 252. Cruzada das emoções e sentimentos

Complete a cruzada com o nome dos estados emotivos e sentimentais que aparecem abaixo.

Resposta: FELIZ, TRISTE, PENSATIVA, RAIVA, MEDO

## 253. L DE...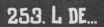

Pinte a letra em destaque e ligue-a às palavras que começam com **L**.

- QUEIJO
- LUVA
- AVIÃO
- LATA
- LITRO
- QUINTAL
- CADARÇO
- LOBO

**L**

Resposta: luva, lata, litro, lobo.

201

## 254. QUANTAS SÍLABAS!

Conte quantas sílabas a palavra abaixo tem e pinte o número correspondente.

# TIGELA
# 1 2 3

Resposta: 3 (TI-GE-LA).

## 255. CÓDIGO SECRETO

Insira a letra inicial de cada figura no local indicado e descubra qual é a palavra secreta.

Resposta: dedo.

## 256. Separação Silábica

Separe as sílabas das palavras que aparecem abaixo. O que elas têm em comum? Isso mesmo, todas começam com a letra **T**!

**TATU**

_____

**TAPETE**

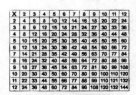

**TABUADA**

_____    _____

**TERMÔMETRO**

**TOMADA**

_____    _____

Resposta: ta-pe-te, ta-bu-a-da, ta-tu, ter-mô-me-tro, to-ma-da.

## 257. Organizando as sílabas

Organize as sílabas e ligue cada palavra à sua respectiva imagem.

A

1

B

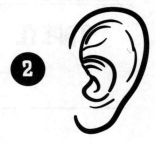
2

C

3

Resposta: A-2, B-1, C-3.

204

## 258. ACENTUANDO AS PALAVRAS

Corrija as palavras colocando o acento circunflexo (^) corretamente.

JAPONES

TRANSITO

ANGULO

ESTOMAGO

TRES

ONIBUS

Resposta: três, trânsito, japonês, estômago, ângulo, ônibus.

## 259. Palavra secreta

Siga as setas e organize as letras para descobrir qual é a palavra.

Resposta: desafio.

## 260. Enriquecendo o vocabulário

Escreva 4 palavras que comecem com a letra **U**.

## 261. Aprendendo o diminutivo

Ligue cada palavra a seu grau diminutivo.

 A

 1

PEIXE

CANETINHA

 B

 2

CANETA

DENTINHO

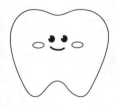 C

 3

DENTE

PEIXINHO

Resposta: peixe – peixinho, caneta – canetinha, dente – dentinho.

## 262. Frases Incompletas

Complete as frases com os adjetivos que aparecem no quadro.

**ALTA * SUJO * VAZIO * QUEBRADA**

**A** A professora é bem _____.

**B** O sapato está _____.

**C** Minha bicicleta está _____.

**D** Meu copo está _____.

Resposta: A – alta, B – sujo, C – quebrada, D – vazio.

208

## 263. ESCREVENDO OS PLURAIS

Observe as imagens e escreva o nome delas nos espaços indicados. Atenção: as palavras devem estar no plural.

Resposta: aviões, abelhas, carros, leões.

## 264. CIRCULANDO AS PALAVRAS

Leia as palavras abaixo e circule as que terminam em **ENDO**.

- DIZENDO
- ABRAÇANDO
- COMENDO
- DORMINDO
- FAZENDO

Resposta: dizendo, comendo, fazendo.

## 265. COLETIVO CORRETO

Descubra qual é o coletivo da imagem em destaque.

REVOADA

REBANHO

BATALHÃO

Resposta: revoada.

## 266. OS SINÔNIMOS

Pinte com a mesma cor as palavras que são sinônimas, ou seja, que têm o mesmo significado.

| MUITO | BASTANTE |
| INÍCIO | LINDO |
| BONITO | COMEÇO |
| CHUTE | MENINA |
| GAROTA | PONTAPÉ |

Resposta: muito-bastante, início-começo, bonito-lindo, chute-pontapé, garota-menina.

## 267. JOGO DA ADIVINHAÇÃO

Observe a sombra, leia a dica e escreva a resposta.

**VIM AO MUNDO HÁ POUCO TEMPO. AINDA NÃO SEI FALAR. MAS SEI GRITAR: BUÁAA. QUEM SOU?**

Resposta: bebê.

## 268. FORMANDO PALAVRAS

Ligue as sílabas e descubra quais palavras se formam. Depois, escreva-as nos locais indicados.

TO = _____  CA = _____

(TA) XA = _____  (VA) LE = _____

TU = _____  LA = _____

Resposta: tato, taxa, tatu; vaca, vale, vala.

## 269. Caminho das sílabas

Cubra as sílabas para completar o caminho e levar o menino até seus pais.

## 270. QUAL É A SÍLABA?

Descubra qual sílaba falta para completar a palavra.

TE   BE   TER

BE___RABA

Resposta: TER.

## 271. CADÊ AS VOGAIS?

Encontre e circule as vogais que aparecem na cantiga.

"ALECRIM, ALECRIM DOURADO
QUE NASCEU NO CAMPO
SEM SER SEMEADO.
ALECRIM, ALECRIM DOURADO
QUE NASCEU NO CAMPO
SEM SER SEMEADO..."

## 272. ÁRVORE DE LETRAS

Pinte os dígrafos **SS** que aparecem na árvore.

## 273. Feminino X Masculino

Ligue cada palavra a seu respectivo gênero.

- CELULAR
- AMIGA
- CHAPÉU
- CIDADE
- COPO
- MONTANHA

- FEMININO
- MASCULINO

Resposta: feminino – amiga, cidade, montanha; masculino – celular, chapéu, copo.

## 274. OS ARTIGOS DAS PALAVRAS

Escreva os artigos **O**, **A**, **OS** ou **AS** ao lado das imagens de acordo com o exemplo.

**AS** MAÇÃS

FOLHAS

DEDOS

ALMOFADA

GATO

Resposta: as folhas, os dedos, a almofada, o gato.

## 275. ORDEM CORRETA

Ordene as sílabas para escrever o nome da imagem.

| CI | CLO | TRI |

_____

Resposta: triciclo.

## 276. X DE...

Pinte a letra em destaque e ligue-a às palavras que começam com **X**.

ENCHENTE  XERIFE  PATINS

XALE    GENTE

XÍCARA  XODÓ

VULCÃO

Resposta: xerife, xale, xícara, xodó.

## 277. CRUZADA DAS FRUTAS

Complete a cruzada com o nome das frutas que aparecem abaixo.

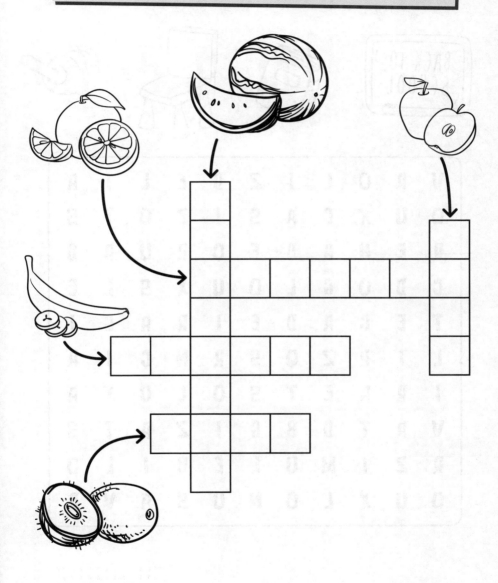

Resposta:

219

## 278. Caçando palavras

Encontre o nome das figuras no caça-palavras.

| V | R | O | L | I | Z | D | E | L | I | A |
|---|---|---|---|---|---|---|---|---|---|---|
| O | U | X | C | A | S | I | Z | O | T | S |
| R | E | H | A | D | F | O | R | U | A | D |
| C | D | O | G | L | O | U | X | S | L | E |
| T | E | C | A | D | E | I | R | A | G | I |
| L | I | P | Z | Q | S | R | N | C | I | R |
| I | R | A | E | T | S | O | L | U | X | A |
| V | A | T | D | B | G | I | Z | A | T | S |
| R | Z | I | M | U | L | E | B | I | L | O |
| O | U | X | L | O | N | U | S | A | V | R |

Resposta: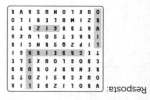

## 279. Palavra secreta

Siga as setas e organize as letras para descobrir qual é a palavra.

Resposta: início.

## 280. AR, ER E IR

Organize os verbos que aparecem no quadro de acordo com sua terminação.

**CHORAR * CRESCER * DIVIDIR * GARGALHAR * ESCONDER * DIVERTIR**

| AR | ER | IR |
|---|---|---|
| amar | correr | medir |
|  |  |  |
|  |  |  |

## 281. QUAL É A SEQUÊNCIA?

Complete o quadro com a palavra que falta.

**MADEIRA**   **TIJOLO**   **MADEIRA**   _____

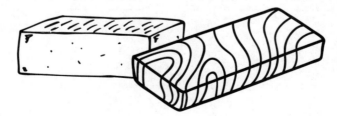

Resposta: tijolo.

## 282. ESCREVENDO OS PLURAIS

Observe as imagens e escreva o nome delas nos espaços indicados. Atenção: as palavras devem estar no plural.

_____

_____

_____

_____

Resposta: crianças, corações, troféus, avestruzes.

## 283. QUAL É A LETRA?

Escreva a letra inicial das figuras que aparecem abaixo.

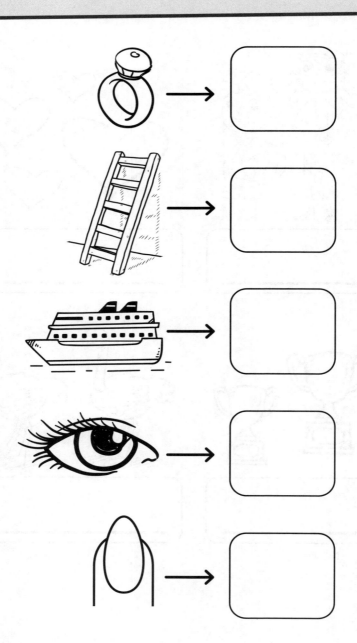

Resposta: A, E, I, O, U.

## 284. ENRIQUECENDO O VOCABULÁRIO

Escreva 4 palavras que comecem com a letra **F**.

## 285. QUAL É O ANIMAL?

Observe a letra em destaque e ligue-a aos animais que têm a mesma letra inicial.

Resposta: peixe, pinguim.

## 286. OS ANTÔNIMOS

Numere as palavras de acordo com seus antônimos.

| 1 | SAIR   |   | FRACO  |
|---|--------|---|--------|
| 2 | BEM    |   | MAU    |
| 3 | FORTE  |   | ENTRAR |
| 4 | BOM    |   | ERRADO |
| 5 | CERTO  |   | MAL    |

Resposta: fraco – 3, mau – 4, entrar – 1, errado – 5, mal – 2.

## 287. Cadê as vogais?

Encontre e circule as vogais que aparecem na cantiga.

"BORBOLETINHA
ESTÁ NA COZINHA
FAZENDO CHOCOLATE
PARA A MADRINHA.

POTI, POTI...
PERNA DE PAU...
OLHO DE VIDRO
E NARIZ DE PICA-PAU.
PAU, PAU."

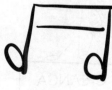

## 288. Aprendendo o Aumentativo

Ligue cada palavra a seu grau aumentativo.

PORTA • A     1 • PATÃO

PATO • B     2 • PORTÃO

CRIANÇA • C     3 • CRIANÇONA

Resposta: porta – portão, pato – patão, criança – criançona.

## 289. R ou RR

Complete as palavras com **R** ou **RR**.

BU___O     BA___ATA

BETE___ABA     A___A___A

Resposta: burro, barata, beterraba, arara.

229

### 290. VOGAIS FALTANTES

Complete o nome da imagem com as vogais que faltam.

# C___ CH___ RR___

Resposta: cachorro.

### 291. CIRCULANDO AS PALAVRAS

Leia as palavras abaixo e circule as que começam com a letra **U**.

| UIVO | ORLA |
| ONTEM | UMBIGO |

Resposta: uivo, umbigo.

## 293. Caminho das sílabas

Cubra as sílabas para completar o caminho e levar o urso até o favo de mel.

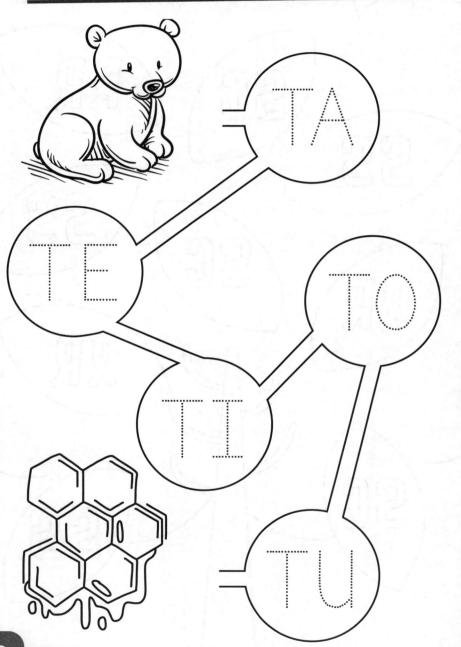

## 294. CH E NH

Circule os dígrafos **CH** e **NH** que aparecem nas palavras.

GALINHA

CHOCALHO

MOCHILA

MINHOCA

## 295. QUAL É A PALAVRA?

Trace as linhas pontilhadas e descubra qual palavra irá se formar. Depois, escreva a resposta no local indicado.

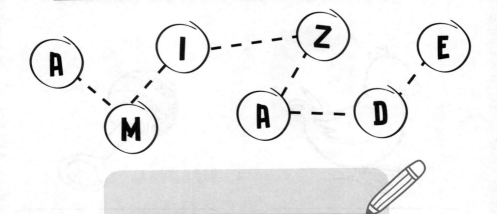

Resposta: amizade.

## 296. ENCONTRE O INTRUSO

Observe as imagens e circule aquela que não faz parte do grupo.

Resposta: sabonete.

234

## 297. Pergunta do alfabeto

Leia a pergunta com atenção para respondê-la.

QUAL É A DÉCIMA LETRA DO ALFABETO?

Resposta: a letra J.

## 298. Destravando a Língua

Leia o trava-língua e, em seguida, circule as palavras que começam com a letra **R**.

# O RATO ROEU A RICA ROUPA DO REI DE ROMA! A RAINHA RAIVOSA RASGOU O RESTO E DEPOIS RESOLVEU REMENDAR!

Resposta: rato, roeu, rica, roupa, rei, Roma, rainha, raivosa, rasgou, resto, resolveu, remendar.

## 299. CONTANDO AS LETRAS

Ligue as palavras ao número de letras correspondente.

| PARALELEPÍPEDO | • | • | 8 |
| INFINITO | • | • | 14 |
| ESCOLA | • | • | 9 |
| AMIGO | • | • | 6 |
| FLORESTAL | • | • | 5 |

Resposta: paralelepípedo – 14, infinito – 8, escola – 6, amigo – 5, florestal – 9.

## 300. Quantas sílabas!

Conte quantas sílabas a palavra abaixo tem e pinte o número correspondente.

# UNIVERSIDADE

# 4   5   6

Resposta: 6 (U-NI-VER-SI-DA-DE).

## 301. Código secreto

Insira a letra inicial de cada figura no local indicado e descubra qual é a palavra secreta.

Resposta: olho.

## 302. SOL DO ALFABETO

Complete o sol escrevendo as letras do alfabeto que faltam de acordo com a sequência sugerida.

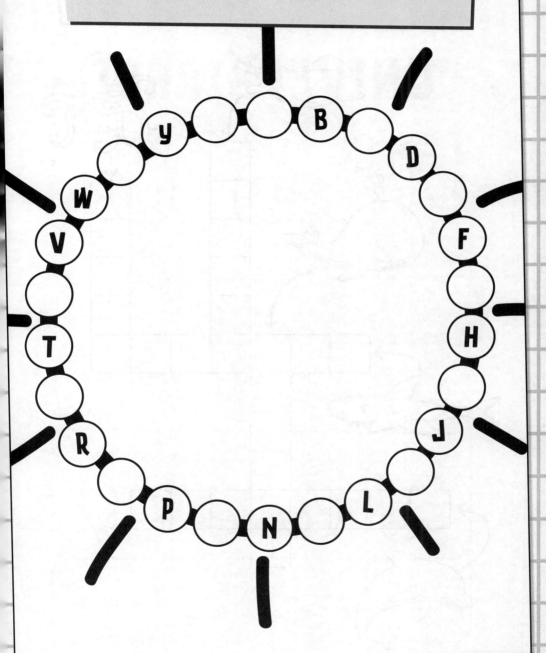

Resposta: A, C, E, G, I, K, M, O, Q, S, U, X, Z.

239

## 303. Cruzada do oceano

Complete a cruzada com o nome dos animais aquáticos que aparecem abaixo.

Resposta: BALEIA, POLVO, TUBARÃO, GOLFINHO, ARRAIA

## 304. ESCREVENDO OS PLURAIS

Observe as imagens e escreva o nome delas nos espaços indicados. Atenção: as palavras devem estar no plural.

Resposta: ônibus, pães, lápis, chapéus.

241

## 305. Palavra secreta

Siga as setas e organize as letras para descobrir qual é a palavra.

Resposta: ensinar.

## 306. Enriquecendo o vocabulário

Escreva 4 palavras que comecem com a letra **B**.

## 307. ORDEM CORRETA

Ordene as sílabas para escrever o nome da imagem.

DEI  RA  CA

_____

Resposta: cadeira.

## 308. Circulando as palavras

Leia as palavras abaixo e circule as que terminam em **INDO**.

- DORMINDO
- PULANDO
- SORRINDO
- BEBENDO
- SAINDO

Resposta: dormindo, sorrindo, saindo.

## 309. Coletivo correto

Descubra qual é o coletivo da imagem em destaque.

- REVOADA
- REBANHO
- BATALHÃO

Resposta: rebanho.

244

## 310. QUAL É A LETRA?

Escreva a letra inicial das figuras que aparecem abaixo.

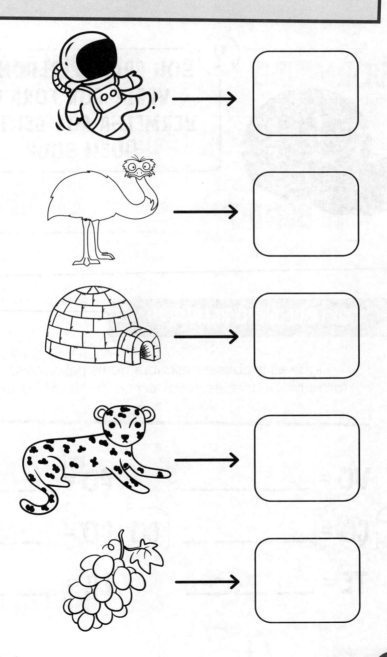

Resposta: A, E, I, O, U.

245

## 311. JOGO DA ADIVINHAÇÃO

Observe a sombra, leia a dica e escreva a resposta.

**?** SOU GRANDE, REDONDA, VERDE POR FORA E VERMELHA POR DENTRO. QUEM SOU?

_____

Resposta: melancia.

## 312. FORMANDO PALAVRAS

Ligue as sílabas e descubra quais palavras se formam. Depois, escreva-as nos locais indicados.

VO = _____   PO = _____

(PO) ÇO = _____   (CO) CO = _____

TE = _____   LA = _____

Resposta: povo, poço, pote; copo, coco, cola.

246

## 313. APRENDENDO O DIMINUTIVO

Ligue cada palavra a seu grau diminutivo.

PORTA — A     1 — PORTINHA

PATO — B     2 — CRIANCINHA

CRIANÇA — C     3 — PATINHO

Resposta: porta – portinha, pato – patinho, criança – criancinha.

247

## 314. Caminho das sílabas

Cubra as sílabas para completar o caminho e levar o rato até o queijo.

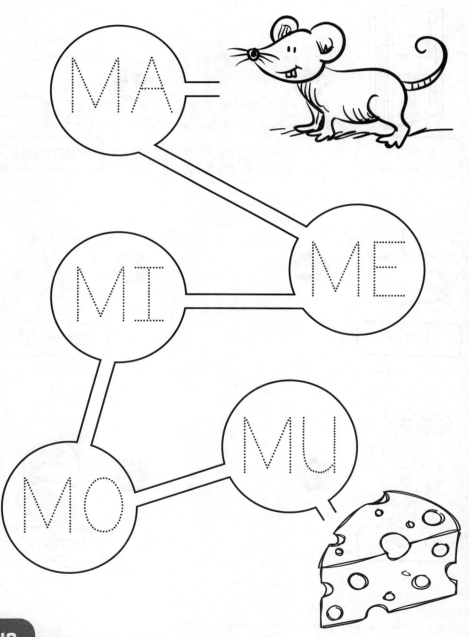

### 315. PERGUNTA DO ALFABETO

Leia a pergunta com atenção para respondê-la.

## QUAIS SÃO AS ÚLTIMAS TRÊS LETRAS DO ALFABETO?

Resposta: as letras X, Y e Z.

249

## 316. Qual é a sílaba?

Descubra qual sílaba falta para completar a palavra.

CHO   XÓ   XO

CAI ____ TE

Resposta: XO.

## 317. Cadê as vogais?

Encontre e circule as vogais que aparecem na cantiga.

"CAI, CAI, BALÃO,
CAI, CAI, BALÃO,
NA RUA DO SABÃO.
NÃO CAI NÃO, NÃO CAI NÃO,
CAI AQUI NA MINHA MÃO!"

## 318. Encontre o intruso

Observe as imagens e circule aquela que não faz parte do grupo.

Resposta: geladeira.

251

## 319. FRASES INCOMPLETAS

Complete as frases com as palavras que aparecem no quadro.

**BRINCAR * CASTANHO * LIVRO * MOCHILA**

**A** O _____ tem muitas páginas.

**B** Há vários materiais escolares na _____.

**C** O cabelo do menino é _____.

**D** As crianças adoram _____.

Resposta: 1 – livro, 2 – mochila, 3 – castanho, 4 – brincar.

252

## 320. Destravando a língua

Leia o trava-língua e, em seguida, circule as palavras que começam com a letra **A**.

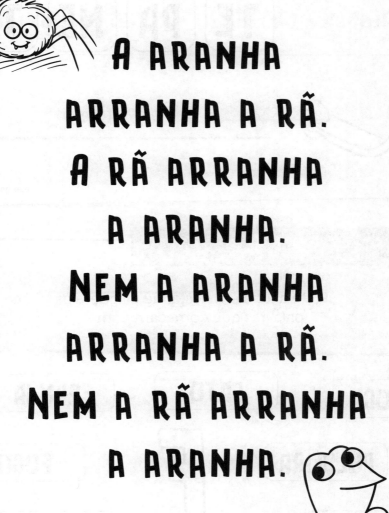

A ARANHA ARRANHA A RÃ.
A RÃ ARRANHA A ARANHA.
NEM A ARANHA ARRANHA A RÃ.
NEM A RÃ ARRANHA A ARANHA.

Resposta: aranha, arranha, aranha, aranha, arranha, aranha.

## 321. ORDEM CORRETA

Ordene as sílabas para escrever o nome da imagem.

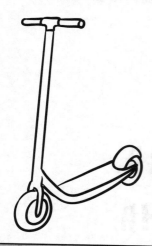

_____

Resposta: patinete.

## 322. F DE...

Pinte a letra em destaque e ligue-a às palavras que começam com F.

- FOCA
- GATO
- FRANJA
- PULSEIRA
- FOGO
- FLOR
- FOFO
- URSO

Resposta: foca, franja, fogo, flor, fofo.

254

## 323. ÁRVORE DE LETRAS

Pinte os dígrafos **SC** que aparecem na árvore.

## 324. VESTIR X COMER

Observe as palavras no quadro e organize-as em suas respectivas colunas.

**SAIA * CENOURA * CAMISETA * ARROZ * JAQUETA * SANDUÍCHE * PIJAMA * MACARRÃO * BERMUDA * PÃO**

**PARA VESTIR**

_____

_____

_____

_____

_____

**PARA COMER**

_____

_____

_____

_____

_____

Resposta: vestir – saia, camiseta, jaqueta, pijama, bermuda; comer – cenoura, arroz, sanduíche, macarrão, pão.

## 325. CONTANDO AS LETRAS

Ligue as palavras ao número de letras correspondente.

| MATEMÁTICA | • | • | 8 |
| DETETIVE | • | • | 10 |
| CAIXOTE | • | • | 4 |
| ANIVERSÁRIO | • | • | 7 |
| SINO | • | • | 11 |

Resposta: matemática – 10, detetive – 8, caixote – 7, aniversário – 11, sino – 4.

## 326. FORMAS DO VERBO

Organize os verbos que aparecem no quadro de acordo com sua forma.

CHORANDO
PISCAR
DIVIDIDO
GARGALHANDO
ESCONDER
DIVERTIDO

| INFINITIVO | GERÚNDIO | PARTICÍPIO |
|---|---|---|
| mentir | dançando | amassado |
|  |  |  |
|  |  |  |

Resposta: infinitivo – piscar, esconder; gerúndio – chorando, gargalhando; particípio – dividido, divertido.

## 327. QUAL É A SEQUÊNCIA?

Complete o quadro com a palavra que falta.

BALÃO   AVIÃO   BALÃO   _____

Resposta: avião.

258

## 328. APRENDENDO O AUMENTATIVO

Ligue cada palavra a seu grau aumentativo.

A — CHAPÉU

1 — PEDREGULHO

B — PEDRA

2 — AMIGÃO

C — AMIGO

3 — CHAPELÃO

Resposta: chapéu – chapelão, pedra – pedregulho, amigo – amigão.

## 329. FORMANDO PALAVRAS

Ligue as sílabas e descubra quais palavras se formam. Depois, escreva-as nos locais indicados.

**NA**

VIO = _____

RIZ = _____

VE = _____

**GE**

LO = _____

MA = _____

RAL = _____

Resposta: navio, nariz, nave; gelo, gema, geral.

## 330. OS SINÔNIMOS

Pinte com a mesma cor as palavras que são sinônimas, ou seja, que têm o mesmo significado.

- PULAR
- SALTAR
- AROMA
- PERFUME
- RESOLVER
- SOLUCIONAR
- PERTO
- ESPERTO
- SABIDO
- PRÓXIMO

Resposta: pular-saltar, aroma-perfume, resolver-solucionar, perto-próximo, sabido-esperto.

## 331. QUAL É O ANIMAL?

Observe a letra em destaque e ligue-a aos animais que têm a mesma letra inicial.

S

Resposta: sapo, siri.

## 332. LABIRINTO SILÁBICO

Trace as sílabas para descobrir a saída do labirinto.

| DA | TO | DE | TRA |
|----|----|----|-----|
| HO | VEL | VAR | GAR |
| RA | DE | BRIN | CAR |

Início → HO ... CAR Fim

Agora, leia as sílabas e descubra o que está escrito. Em seguida, escreva a resposta aqui:

_____
_____

Resposta: hora de brincar.

262

## 333. COLETIVO CORRETO

Descubra qual é o coletivo da imagem em destaque.

FAUNA

NINHADA

RAMALHETE

Resposta: ramalhete.

## 334. Cruzada da natureza

Complete a cruzada com o nome das figuras que aparecem abaixo.

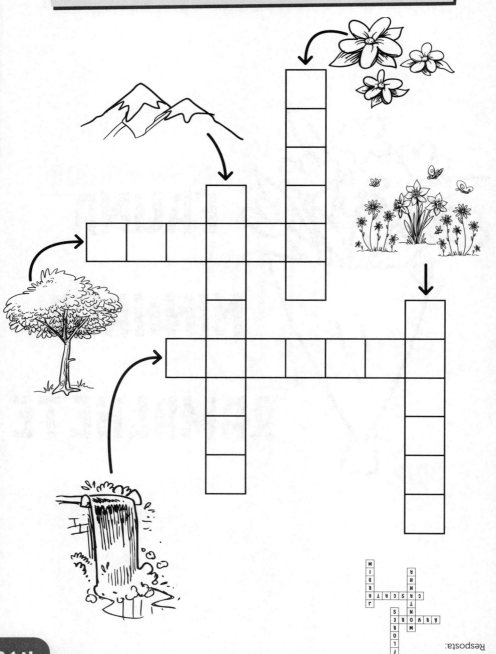

Resposta: flores, árvores, cascata, montanha

## 335. D DE...

Pinte a letra em destaque e ligue-a às palavras que começam com **D**.

- GATO
- DEDO
- DESPERTADOR
- SAPATO
- ILHA
- CABRA
- DEZ
- DIURNO

Resposta: dedo, diurno, despertador, dez.

## 336. VOGAIS FALTANTES

Complete o nome da imagem com as vogais que faltam.

# T_ B_ _ R_ _

Resposta: tubarão.

## 337. CIRCULANDO AS PALAVRAS

Leia as palavras abaixo e circule as que começam com a letra **X**.

- CHÁCARA
- XADREZ
- SOLA
- XAROPE

Resposta: xadrez, xarope.

## 338. ESCREVENDO OS PLURAIS

Observe as imagens e escreva o nome delas nos espaços indicados. Atenção: as palavras devem estar no plural.

_____

_____

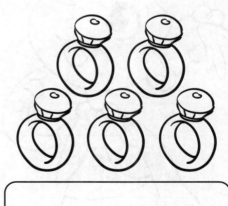

_____

_____

Resposta: formigas, coroas, pirulitos, anéis.

## 339. PERGUNTA DO ALFABETO

Leia a pergunta com atenção para respondê-la.

# QUAL É A DÉCIMA QUINTA LETRA DO ALFABETO?

Resposta: a letra O.

268

## 340. ÁRVORE DE LETRAS

Pinte os dígrafos **GU** que aparecem na árvore.

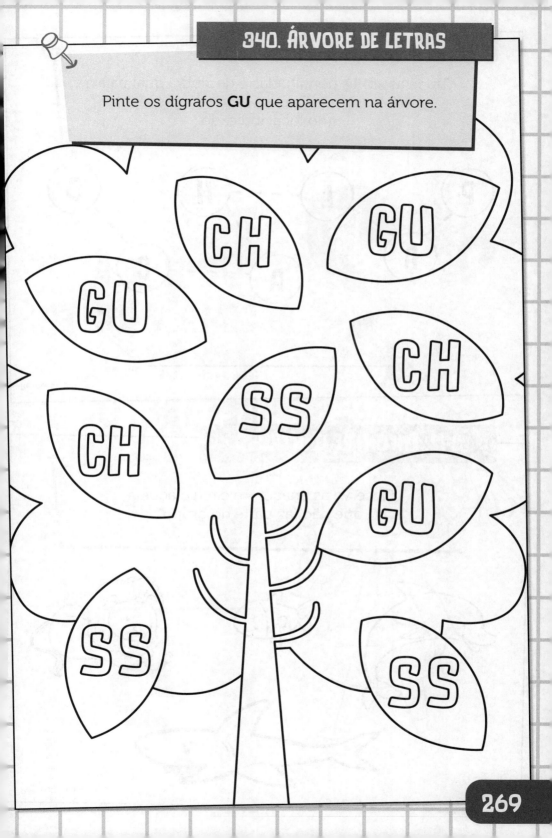

## 341. QUAL É A PALAVRA?

Trace as linhas pontilhadas e descubra qual palavra irá se formar. Depois, escreva a resposta no local indicado.

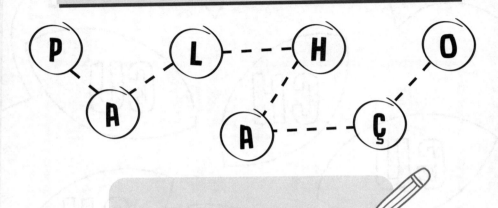

Resposta: palhaço.

## 342. ENCONTRE O INTRUSO

Observe as imagens e circule aquela que não faz parte do grupo.

Resposta: leão.

## 343. LABIRINTO SILÁBICO

Trace as sílabas para descobrir a saída do labirinto.

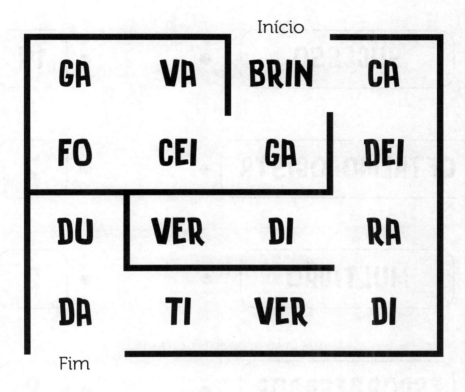

Agora, leia as sílabas e descubra o que está escrito. Em seguida, escreva a resposta aqui:

Resposta: brincadeira divertida.

## 344. Contando as letras

Ligue as palavras ao número de letras correspondente.

| SUCESSO | • | • | 14 |
| OFTALMOLOGISTA | • | • | 7 |
| MULTIDÃO | • | • | 2 |
| ESCORREGADOR | • | • | 8 |
| PÓ | • | • | 12 |

Resposta: sucesso – 7, oftalmologista – 14, multidão – 8, escorregador – 12, pó – 2.

## 345. DESTRAVANDO A LÍNGUA

Leia o trava-língua e, em seguida, circule as palavras que começam com a letra **T**.

# UM TIGRE, DOIS TIGRES, TRÊS TIGRES TRISTES EM UM TRIGAL.

Resposta: tigre, tigres, três, tigres, tristes, trigal.

273

### 346. QUANTAS SÍLABAS!

Conte quantas sílabas a palavra abaixo tem e pinte o número correspondente.

# PARALELEPÍPEDO

7   8   9

Resposta: 7 (PA-RA-LE-LE-PÍ-PE-DO).

### 347. CÓDIGO SECRETO

Insira a letra inicial de cada figura no local indicado e descubra qual é a palavra secreta.

Resposta: pato.

## 348. FRASES INCOMPLETAS

Complete as frases com as palavras que aparecem no quadro.

**ESTRELAS * PRETA E BRANCA * DESPERTADOR * GATO**

**A** O _____ mia para seu dono.

**B** O céu está repleto de _____ .

**C** A bola é _____ .

**D** O _____ toca sem parar.

Resposta: 1 – gato, 2 – estrelas, 3 – preta e branca, 4 – despertador.

## 349. Escrevendo os plurais

Observe as imagens e escreva o nome delas nos espaços indicados. Atenção: as palavras devem estar no plural.

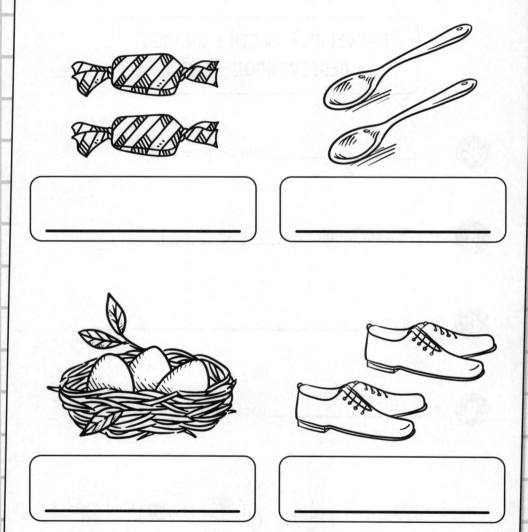

Resposta: bombons, colheres, ovos, sapatos.

## 350. Cruzada da fazenda

Complete a cruzada com o nome dos animais que aparecem abaixo.

## 351. PALAVRA SECRETA

Siga as setas e organize as letras para descobrir qual é a palavra.

Resposta: capitão.

## 352. ENRIQUECENDO O VOCABULÁRIO

Escreva 4 palavras que comecem com a letra **D**.

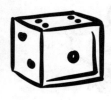
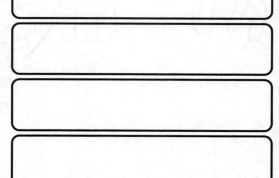

## 353. PERGUNTA DO ALFABETO

Leia a pergunta com atenção para respondê-la.

**QUAIS SÃO AS TRÊS LETRAS QUE ANTECEDEM O K?**

Resposta: as letras H, I e J.

## 354. CIRCULANDO AS PALAVRAS

Leia as palavras abaixo e circule as que terminam em **AR**.

- JOGAR
- ESCREVER
- FALAR
- POR
- ABRAÇAR

Resposta: jogar, falar, abraçar.

## 355. COLETIVO CORRETO

Descubra qual é o coletivo da imagem em destaque.

- REVOADA
- REBANHO
- BATALHÃO

Resposta: batalhão.

280

## 356. S DE...

Pinte a letra em destaque e ligue-a às palavras que começam com **S**.

- SAPO
- GATO
- SAPATO
- PIPA
- SINO
- ILHA
- BONÉ
- SOPA

Resposta: sapo, sapato, sino, sopa.

## 357. Jogo da Adivinhação

Observe a sombra, leia a dica e escreva a resposta.

EU ANDO RASTEJANDO FAZENDO ZIGUE-ZAGUE. QUEM SOU?

_____

Resposta: cobra.

## 358. Formando palavras

Ligue as sílabas e descubra quais palavras se formam. Depois, escreva-as nos locais indicados.

PE = _____    TA = _____

QUE  RER = _____    DA  MA = _____

BRAR = _____    DO = _____

Resposta: quepe, querer, quebrar; data, dama, dado.

282

## 359. Aprendendo o diminutivo

Ligue cada palavra a seu grau diminutivo.

 **A**

CHAPÉU

**1**

PEDRINHA

 **B**

PEDRA

**2**

AMIGUINHO

 **C**

AMIGO

**3**

CHAPEUZINHO

Resposta: chapéu – chapeuzinho, pedra – pedrinha, amigo – amiguinho.

## 360. CÓDIGO SECRETO

Insira a letra inicial de cada figura no local indicado e descubra qual é a palavra secreta.

Resposta: pipa.

## 361. QUANTAS SÍLABAS!

Conte quantas sílabas a palavra abaixo tem e pinte o número correspondente.

# INCOMPREENSIVELMENTE

Resposta: 8 (IN-COM-PRE-EN-SI-VEL-MEN-TE).

## 362. Qual é a sílaba?

Descubra qual sílaba falta para completar a palavra.

CA    KA    CAR

MA____RÃO

Resposta: CAR.

## 363. Cadê as vogais?

Encontre e circule as vogais que aparecem na cantiga.

"PIRULITO QUE BATE BATE.
PIRULITO QUE JÁ BATEU.
QUEM GOSTA DE MIM É ELA E
QUEM GOSTA DELA SOU EU."

## 364. Encontre o intruso

Observe as imagens e circule aquela que não faz parte do grupo.

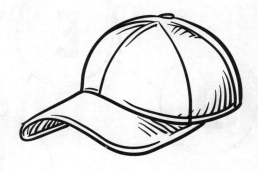

Resposta: relógio.

## 365. QUAL É A PALAVRA?

Trace as linhas pontilhadas e descubra qual palavra irá se formar. Depois, escreva a resposta no local indicado.

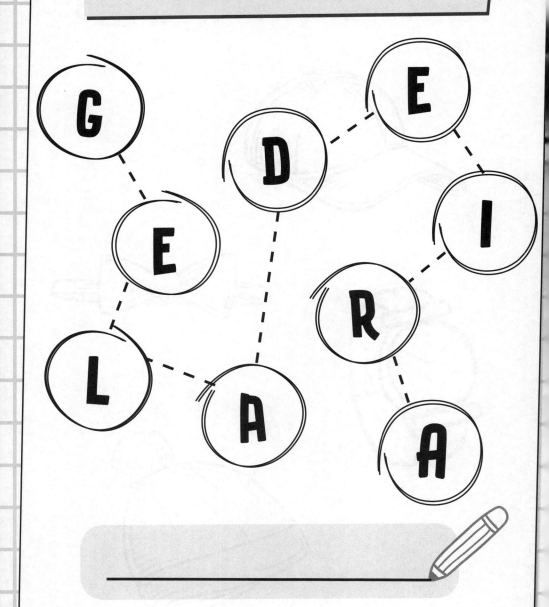

Resposta: geladeira.

288